ORGANIZAREA STATULUI ROMÂN

Propunere legislativă de Constantin Butulea

CONSTANTIN BUTULEA

ORGANIZAREA STATULUI ROMÂN

Propunere legislativă

*Prezenta lucrare se publică în format electronic
și tipărit.*

Coperta: Leo Orman
Ilustrația copertei – sursa: https://pixabay.com/en/people-s-house-palace-of-parliament-2391099/

© 2018 ePublishers. Toate drepturile rezervate.

ISBN-13: 978-1721595853 (CreateSpace)
ISBN-10: 1721595856

*Pentru mai multe informații privind această carte,
sunați la ++4021 312 8212 sau scrieți la* info@ePublishers.info.

www.ePublishers.ro
www.ePublishers.us

ORGANIZAREA STATULUI ROMÂN
PREFAȚĂ

Mă simt obligat să recunosc că ghidul meu, pentru organizarea statului român, a fost constituita din 2003, din care am reținut ce era folositor pentru tară.

Multe articole au fost modificate, multe articole au rămas așa cum erau ele concepute.

Totuși, cred și susțin că bunul mers al României, care se crede o țară democratică, are nevoie de o organizare democrată, care să fie supravegheată și condusă de popor.

Da, mi-am dorit din totdeauna democrația!

Din această cauză, am dorit să public această carte, pe care să o analizeze poporul, iar dacă le convine, să o pună în practică.

Eu cred că nu trebuie să fii jurist, procuror sau avocat, să gândești democratic.

Eu cred că orice om care își dorește să trăiască normal, „după principii democratice" își dorește să-i meargă bine, după principiul bunului simț.

Nu e normal să punem în fruntea statului, oamenii care; mint, să delapidare, să corupă, să dea mită, să ia mită, să facă abuz de funcţii şi poporul să nu poată să-i amendeze.

Reprezentanţii statului, sunt angajaţii poporului, nu poporul este supus lor.

Poporul este supus legilor constituţionale, nu reprezentanţilor. Constantin Butulea

17 Martie 2013.

ORGANIZAREA ROMÂNIEI PRINCIPIILE GENERALE ALE STATUTUL ROMÂN

Articolul 1.

1) România este stat naţional, suveran, independent, unitar şi indivizibil.

2) Forma de guvernământ, a statului român, este republică constituţională.

3) România este stat de drept, democratic, constituţional şi social, în care demnitatea omului, drepturile şi libertăţile cetăţenilor, libera dezvoltare a persoanei umane, dreptatea şi pluralismul uman, reprezintă valori supreme.

4) Statul se organizează potrivit separaţiei şi echilibrului puterilor; legislativă, executivă şi judecătorească, în cadrul democraţiei constituţionale.

5) În România, respectarea constituţiei, a supremaţiei sale şi a legilor, este obligatorie.

Articolul 2.

1) Suveranitatea naţională, aparţine poporului român, care o exercită prin organele sale reprezentative, constituite prin

alegeri obligatorii, periodice şi corecte, precum şi prin referendum.

2) Niciun grup şi nicio persoană nu poate exercita suveranitatea în nume propriu.

Teritoriul

Articolul 3.

1) Teritoriul României este inalienabil.

2) Frontierele ţări sunt consfinţite prin lege organică, cu respectarea principiilor şi a celorlalte norme generale admise ale dreptului internaţional.

Unitatea poporului şi egalitatea între cetăţeni

Articolul 4.

1) Statul are ca fundament, unitatea poporului român şi solidaritatea cetăţenilor săi.

2) România este patria comună şi indivizibilă a tuturor cetăţenilor săi, fără deosebire de rasă, naţionalitate, de origine etnică, de religie, de limbă, de sex, de opinie, de apartenenţă politică, de avere, sau de origine socială.

Articolul 5.

1) Cetăţenia română se dobândeşte, se păstrează sau se pierde în condiţiile prevăzute de legea organică.

2) Cetăţenia română, nu poate fi retrasă aceluia care a dobândit-o prin naştere.

Articolul 6.

1) România recunoaşte şi garantează persoanelor aparţinând minorităţilor naţionale, dreptul la păstrarea, la dezvoltarea şi la exprimarea identităţii lor etnice, culturale, lingvistice şi religioase.

2) Măsurile de protecţie luate de stat, pentru păstrarea şi exprimarea identităţii personale, trebuie să fie conforme cu principiile de egalitate şi de nediscriminare, în raport cu ceilalţi cetăţeni romani.

Articolul 7.

1) România sprijină întărirea legăturilor, cu românii din străinătate, prin ambasadele şi consulatele României, dezvoltarea şi exprimarea identităţii lor etnice, culturale, lingvistice şi religioase, cu respectarea legislaţiei statului în care sunt.

2) Ambasadele şi consulatele, sunt obligate să facă toate actele de identitate expirate, a cetăţenilor români şi noilor născuţi în străinătate.

3) Ambasadele şi consulatele, care eliberează un act de identitate, nu poate încasa o sumă mai mare de cea care se încasează în românia.

4) Ambasadele şi consulatele, în cazul în care se expiră permisul de conducere, a unui cetăţean român, pot să elibereze alt permis de conducere.

5) România, prin ambasadele şi consulatele ei, are obligaţia de a ajuta familiile din străinătate să-şi repatrieze corpurile neînsufleţite, de cetăţenie română.

6) Cetăţenii români, din străinătate pot să-şi exprime obţinerea votului şi prin intermediul corespondenţei sau al internetului, în cazul în care sunt la o distanţă mai mare de o sută de kilometri de urna de vot, cea mai apropiată.

Articolul 8.

1) Pluralismul, în societatea românească, este o condiţie şi o garanţie a democraţiei constituţionale.

2) Partidele politice se constituie şi îşi desfăşoară activitatea în condiţiile legii constituţionale, ele contribuie la definirea şi la exprimarea voinţei politice, a cetăţenilor, respectând, suveranitatea naţională, ordinea de drept şi principiile democraţiei şi a drepturilor omului.

3) Membrii partidelor politice, care fac politică, doar pentru partidele din care fac parte şi pun partidul, mai presus decât ţara, sau legile ţări, sunt în afara legii şi partidul din care fac parte se dizolvă.

4) Membrii partidelor politice, care au ajuns în parlament, nu au dreptul să părăsească partidul, până la sfârşitul mandatului, în care au fost aleşi.

5) Toate partidele politice, nu sunt finanţate de stat, ele se finanţează, din cotizaţia membrilor şi a donaţiilor, făcând dovada provenienţei donaţiei.

Sindicatele, patronatele şi asociaţiile profesionale

Articolul 9.

1) Sindicatele, patronatele şi asociaţiile profesionale, se constituie şi îşi desfăşoară activitatea potrivit statutelor lor, în condiţiile legii.

2) Ele contribuie la apărarea drepturilor omului şi la promovarea intereselor profesionale, economice şi sociale ale membrilor lor şi a ţări şi se finanţează din cotizaţia membrilor lor.

Articolul 10.

România întreţine şi dezvoltă relaţii paşnice, cu toate statele şi în acest context, relaţii de bună vecinătate, întemeiate pe principiile şi pe celelalte norme generale admise ale dreptului internaţional.

Articolul 11.

1) Statul român se obligă să îndeplinească în tocmai şi cu bună credinţă obligaţiile care îi revin, din tratatele, la care România este parte.

2) Tratatele ratificate de parlament, potrivit legii, fac parte din dreptul intern.

3) În cazul în care un tratat la care România urmează să devină parte şi cuprinde dispoziţii contrare constituţiei, ratifi-

carea lui, poate avea loc numai după un referendum, pentru adăugarea lui la constituţie.

Simbolurile naţionale

Articolul 12.
1) Drapelul României este tricolorul; culorile sunt aşezate vertical, în ordinea următoare începând de la lance: albastru, galben şi roşu.
2) Ziua naţională a României este 1 decembrie.
3) Imnul naţional al României este „Deşteaptă-te române".
4) Stema ţări şi sigla de stat, sunt stabilite prin lege organică.

Limba oficială

Articolul 13.
În România, limba oficială este, limba Română.

Capitala

Articolul 14.
Capitala României este municipiul Bucureşti.

DREPTURILE, LIBERTĂŢILE ŞI ÎNDATORIRILE FUNDAMENTALE. DISPOZIŢII COMUNE. UNIVERSALITATE

CAPITOLUL 1. INTRODUCERE

Articolul 15.

1) Cetăţenii beneficiază de drepturile şi libertăţile consacrate, prin constituţie şi prin alte legi organice şi au obligaţiile prevăzute de acestea.

2) Toţi cetăţenii români, au obligaţia de a se implica prin votul lor, la bunul mers al României.

3) Cetăţenii români care nu îşi aduc aportul la buna funcţionare şi desfăşurare a României, prin votul lor, vor fi sancţionaţi cu o amendă de cinci sute de lei.

4) Se socotesc, cu drept de vot, toţi cetăţenii care au vârsta de optsprezece ani, până în ziua votului.

5) Nu au dreptul de vot, oamenii închişi în puşcărie şi oamenii din ospiciu.

6) Recensământul populaţiei se face anual, în care se specifică; câţi oameni sunt sub 18 ani şi câţi oameni sunt în puşcării, în ospiciu şi câţi oameni au dreptul de vot.

7) Referendumul, este valid, doar dacă întruneşte un număr de nouăzeci la sută din electorat.

8) Alegerile generale, sunt valide, dacă întrunesc, un număr de nouăzeci la sută din electorat, pentru a putea face clar deosebirea de cincizeci plus unu a câştigătorului.

Articolul 16.

1) Cetăţenii sunt egali în faţa legi şi a autorităţilor publice, fără privilegii şi fără discriminării.

2) Nimeni nu este mai presus de lege.

3) Toate legile, să fie făcute pe înţelesul poporului şi fără interpretări.

4) Ţara, să fie condusă prin legii constituţionale, nu prin decrete sau moţiunii de cenzură.

5) Funcţiile şi demnităţile publice, civile şi militare, pot fi ocupate, în condiţiile legii, de persoane care au cetăţenia română şi domiciliul în România.

6) Statul român, garantează egalitatea de şanse, între femei şi bărbaţi, pentru ocuparea acestor funcţii, prin examen de specialitate.

7) În condiţiile aderării României la uniunea europeană, cetăţenii uniuni, care îndeplinesc condiţiile legii constituţionale, au dreptul de a alege şi de a fi aleşi, în autorităţile administraţiei publice locale şi parlamentare.

Articolul 17.

Cetăţenii români, se bucură, în străinătate, de protecţia statului român şi trebuie să-şi îndeplinească obligaţiile, cu excepţia celor ce nu sunt compatibili, cu absenţa lor din ţară.

Cetățenii străini și apatrizii

Articolul 18.

1) Cetățenii străini și apatrizii, care lucrează și locuiesc în România, se bucură de protecția generală a persoanelor și a averilor, garantată de constituție și lege.

2) Drepturile de azil, se acordă și se retrage în condițiile legii, cu respectarea tratatelor și a convențiilor internaționale, la care România este parte.

3) Nicio persoană, din altă țară, nu poate cumpăra; pământ, întreprinderi, instituții, să foreze, să deschidă mine, să defrișeze păduri și să capteze apele minerale.

4) Persoanele străine care vor să deschidă o afacere, în țară, au dreptul să închirieze, o parcelă de pământ și să își deschidă afacerea.

5) Persoanele străine care își deschid pe teritoriul tarii, una sau mai multe afaceri, vor plăti taxe și impozite, ca orice cetățean al țării.

Articolul 19.

1) Cetățenii români, nu pot fi extrădați sau expulzați, din România.

2) Cetățenii străini și apatrizii, pot fi extrădați, numai în baza unei convenții internaționale sau în condiții de reciprocitate.

3) Expulzarea sau extrădarea, se hotărăște de justiție.

Tratatele internaţionale
privind drepturile omului

Articolul 20.

1) Dispoziţiile constituţionale, privind drepturile şi libertăţile cetăţenilor, vor fi aplicate în concordanţă cu declaraţia universală a drepturilor omului, cu pacte şi celelalte tratate, la care România este parte.

2) Dacă există neconcordante, între pacte şi tratatele privitoare la drepturile fundamentale ale omului, la care România este parte şi legile interne au prioritate, reglementările internaţionale cu excepţia cazului în care constituţia sau legile interne conţin dispoziţii mai favorabile, se aplică legile interne.

Articolul 21.

1) Orice persoană, se poate adresa justiţiei, pentru apărarea drepturilor, a libertăţilor şi a intereselor sale legitime.

2) Nicio lege nu poate interzice exercitarea acestui drept.

3) Părţile, au dreptul la un proces echilibrat şi la soluţionarea cazurilor şi cauzelor, într-un teren rezonabil.

4) Procurorii, judecătorii, care au pe rol, un caz, au obligaţia să rezolve cazul, cât mai repede, dar să nu depăşească doi ani de la începerea procedurilor.

5) Jurisdicţiile speciale, administrative, sunt facultative şi gratuite.

6) Judecătorii şi procurorii care induc în eroare, sau denaturalizează cazurile care le sunt încredinţate, li se ridică dreptul de a mai profesa.

7) Judecata unui proces, nu poate depăşi termenul de doi ani.

CAPITOLUL 2.
DREPTURILE ŞI LIBERTĂŢILE FUNDAMENTALE. DREPTUL LA VIAŢĂ ŞI LA INTEGRITATE FIZICĂ ŞI PSIHICĂ

Articolul 22.

1) Drapelul la viaţă, precum şi dreptul la integritate fizică şi psihică, ale unei persoane, sunt garantate.

2) Nimeni nu poate fi supus torturi şi niciunui fel de pedeapsă, sau de tratament, inuman, sau degradant.

3) Pedepsele, să fie până la o sută de ani, în funcţie de gravitatea faptei sau de frauda făcută.

4) Pedeapsa cu moartea, este interzisă.

5) Nu există pedeapsă cu suspendare.

Articolul 23.

1) Libertatea individuală şi siguranţă persoanei, sunt inviolabile.

2) Percheziţia, reţinerea sau arestarea unei persoane, sunt permise, numai în cazurile procedurale, prevăzute de lege.

3) Reţinerea, nu poate depăşi douăzeci şi patru de ore.

4) Arestarea preventivă se dispute de judecător, numai după consultarea cu consiliul de juraţi, care este format din popor şi nu sunt din acelaşi judeţ, care nu au nicio funcţie publică.

5) Juraţii, trebuie să fie din judeţe diferite şi să nu se cunoască cu inculpatul.

6) Arestarea preventivă, în cursul urmăririi penale se poate dispune, cel mult treizeci de zile şi se poate prelungi cu cel mult treizeci de zile, fără ca durata totală să depăşească un termen rezonabil, dar nu mai mult de o sută optzeci de zile.

7) Încheierile instanţei, privind măsura arestării preventive sunt supuse căilor de atac, prevăzute de lege.

8) Cu excepţia cetăţenilor români, celui reţinut sau arestat, i se aduce la cunoştinţă, în limba pe care o înţelege, motivele reţineri, iar învinuirea se aduce la cunoştinţă, numai în prezenţa unui avocat, ales sau numit din oficiu, învinuirea într-o altă limbă a unui cetăţean român, nu este valabilă pe teritoriul României.

9) Punerea în libertate a celui reţinut, sau arestat, este obligatorie, dacă motivele acestor măsuri, nu sunt justificate.

10) Persoana arestată preventiv, are dreptul să ceară punerea sa în libertate provizorie, sub control judiciar, sau pe cauţiune, până la rămânerea definitivă a hotărârii judecătoreşti de condamnare, dar nu are voie să părăsească ţara.

11) Nicio persoană, nu poate fi stabilită sau aplicată, decât în condiţiile legii.

12) Sancţiunea privată de libertate, nu poate fi decât de natură penală.

13) Persoanele care sunt puse sub urmărire penală, nu au dreptul de a ocupa, sau de a candida pentru o funcţie publică şi nici pentru a conduce vreo instituţie sau întreprindere de stat.

Articolul 24.

1) Dreptul la apărare, este garantat.

2) În tot timpul procesului, părţile au dreptul să fie asistate de un avocat, ales sau din oficiu.

Libera circulaţie

Articolul 25.

1) Drapelul la libera circulaţie, în ţară şi străinătate, este garantat.

2) Legea, stabileşte condiţiile exercitării, acestui drept.

3) Fiecărui cetăţean îi este asigurat dreptul de aşi stabili domiciliu, sau reşedinţa, în orice localitate din ţară, de a emigra, precum şi a reveni în ţară.

Viaţa intimă familiară şi privată

Articolul 26.

1) Legile constituţionale, respectă şi ocrotesc viaţa intimă, familiară şi privată.

2) Persoana fizică, are dreptul să dispună de ea însăşi, dacă nu încalcă drepturile şi libertăţile altora, ordinea publică sau bunurile moravuri.

Articolul 27.

1) Domiciliu şi reşedinţa, sunt inviolabile, nimeni nu poate pătrunde sau rămâne în domiciliu sau reşedinţa unei persoane, fără acordul acestuia.

2) De la prevederile alin (1) se poate deroga prin lege, următoarele situaţii;

a) Executarea unui mandat de arestare, sau a unei hotărâri judecătoreşti.

b) Înlăturarea unei primejdii, privind viaţa, integritatea fizică sau bunurile unei persoane.

c) Apărarea securităţii naţionale sau a ordinei publice.

d) Prevenirea răspândirii unei epidemii.

3) Percheziţia se dispune de judecător şi se efectuează în condiţiile prevăzute de lege.

4) Percheziţiile în timpul nopţii, sunt interzise în afară de cazul infracţiunilor flagrante.

Articolul 28.

1) Secretul scrisorilor, al telegramelor, al altor trimiterii poştale, sunt inviolabile.

2) Convorbirile telefonice, mijloacele de comunicare, pot fi interceptate numai în cazul de urmărire penală, fără lezarea persoanei în cauză.

Articolul 29.

1) Libertatea conştiinţei, este garantată; ea se manifestă în spirit de toleranţă şi respect reciproc.

2) Libertatea gândirii şi a opiniilor, precum şi libertatea credinţelor religioase, nu pot fi îngrădite, sub nicio formă.

3) Nimeni nu poate fi constrâns să adopte o opinie, ori să adere la o formă religioasă, contrare convingerilor sale.

4) Cultele religioase sunt libere şi se organizează potrivit statutelor proprii, în condiţiile legii.

5) În relaţiile dintre culte, se interzice, orice formă, mijloace, acte, sau acţiuni de învrăjbire religioasă.

6) Cultele religioase, sunt autonome faţă de stat şi se bucură de sprijinul acestuia, în spitale, în penitenciare, în azil şi în orfelinate, fără sprijin financiar.

7) Părinţii sau tutorii, au dreptul de a asigura, potrivit propriilor convingeri, educaţia copiilor minori, a căror răspundere le revine.

Articolul 30.

1) Libertatea de exprimare a gândurilor, a opiniilor sau a credinţelor de orice fel, prin sunete, prin viu grai, prin scris, prin

imagini sau alte mijloace de comunicare în public, sunt inviolabile.

2) Cenzura de orice fel, este interzisă.

3) Libertatea presei implică şi libertatea de a înfiinţa publicaţii.

4) Nicio publicaţie nu poate fi suprimată.

5) Presa, are obligaţia de a relata adevărul.

6) Libertatea de exprimare, nu poate prejudicia demnitatea, onoarea, viaţa particulară a unei persoane şi nici dreptul la propria imagine.

7) Legea poate impune, mijloacele de comunicare în masă cu obligaţia de a face public sursa finanţări.

8) Sunt interzise de lege; defăimarea ţări şi a naţiunii, îndemnul la război, la agresiune, la ură naţională, rasială, de clasă sau religie, incitarea la discriminare, la separatism teritorial sau la violenţă publică, precum şi manifestările obscure contrare bunurilor moravuri.

9) Răspunderea civilă pentru informaţia sau pentru creaţia adusă la cunoştinţă publică, revine editorului sau realizatorului, autorului, organizatorului manifestări artistice, proprietarului mijlocului de multiplicare, al postului de radio sau televiziune, în condiţiile legii.

10) Presa, radioul, televiziunea care denaturalizează o informaţie publică sau minte se dizolvă.

11) Legile funcţionării mass-mediei se stabilesc prin lege.

Articolul 31.

1) Dreptul persoanei de a avea acces la orice informaţie de interes public nu poate fi îngrădit.

2) Autorităţile publice, potrivit competenţelor ce le revin, sunt obligate să asigure informarea corectă a cetăţenilor, asupra problemelor publice şi asupra problemelor de interes personal.

3) Dreptul la informaţie, nu poate să prejudecăţile măsurile de protecţie a tinerilor, sau securitatea naţională.

4) Mijloacele de informare în masă, publice şi private, sunt obligate să asigure informarea corectă a opiniei publice.

5) Serviciile publice de radio şi televiziune, precum şi presa scrisă, sunt autonome;

a) Ele trebuie să garanteze, grupurilor sociale şi politice, exercitarea dreptului la antenă.

b) Organizarea acestor servicii şi controlul parlamentar asupra activităţii lor, se reglementează prin lege.

Articolul 32.

1) Drapelul la învăţătură este asigurat prin învăţământul general obligatoriu, prin învăţământul liceal şi prin cel profesional, prin învăţământul superior, precum şi prin alte forme de instruire şi perfecţionare.

2) Învăţământul de toate gradele se desfăşoară în limba română, în condiţiile legii, învăţământul se poate şi într-o limbă de circulaţie internaţională.

3) Învăţământul de stat garantat şi gratuit, potrivit legii, statul acordă burse sociale de studii copiilor şi tinerilor proveniţi din familii defavorizate şi celor instituţionalizaţi, în condiţiile legii.

4) Învăţământul de toate gradele, se desfăşoară în unităţi de stat, particulare şi confesionale, în condiţiile legii.

5) Autonomia universală este garantată.

6) Statul asigură libertatea învăţământului religios, potrivit cerinţelor specifice, fiecărui cult în şcolile de stat, învăţământul religios organizat şi garantat prin lege.

Articolul 33.

1) Accesul la cultură este garantat de lege.

2) Libertatea persoanei de a-şi dezvolta spiritualitatea şi de a accede la valorile culturi naţionale şi universale, nu poate fi îngrădită.

3) Statul trebuie să asigure păstrarea identităţii spirituale, sprijinirea culturi naţionale, stimularea artelor, protejarea şi conservarea moşteniri culturale şi artistice ale României pe mapamond.

Dreptul la ocrotirea sănătăţii

Articolul 34.

1) Drapelul la ocrotirea sănătăţii este garantat de lege.

2) Statul este obligat să ia măsuri pentru asigurarea igienei şi a sănătăţii publice.

3) Pentru minori şi pensionari, asistenţa medicală este gratuită.

4) Organizarea asistenţei medicale şi a sistemului de asigurări sociale pentru boală, accidente, maternitate şi recuperare, controlul exercitării profesionale medicale şi a activităţilor paramedicale precum şi alte măsuri de precauţie a sănătăţii fizice şi psihice a persoanei, se stabilesc potrivit legii.

Articolul 35.

1) Statul recunoaște dreptul oricărei persoane la un mediu înconjurător sănătos și echilibrat ecologic.

2) Statul asigură cadrul legislativ, pentru exercitarea acestui drept.

3) Persoanele fizice și juridice au datoria de a proteja și a ameliora mediul înconjurător.

Dreptul la vot

Articolul 36.

1) Cetățenii au dreptul la vot, de la vârsta de 18 ani împliniți, până în ziua votului inclusiv.

2) Nu au dreptul la vot, debili sau aliniații mental, puși sub interdicție și nici persoane condamnate prin hotărâre judecătorească definitivă, la pierderea drepturilor electorale.

Articolul 37.

1) Au dreptul la vot și de a fi aleși, cetățenii cu drept de vot, care împlinesc condițiile prevăzute în articolul 16 aliniamentul (5).

2) Nu pot face parte din partidele politice, judecătorii curți constituționale, avocații, procurorii, magistrații, membrii activi ai armatei, polițiștii și alte categorii de funcționari publici, stabilită prin lege.

3) Candidații trebuie să fi împlinit, până în ziua alegerilor inclusiv, vârsta de cel puțin 33 de ani, pentru a fi aleși în camera deputaților sau în organele administrației publice locale, vârsta

de cel puţin 35 de ani, pentru a fi ales ca senator şi vârsta de cel puţin 50 de ani, pentru a fi ales în funcţia de; Preşedinte a României, Avocatul Poporului şi Preşedinte al Curţii Constituţionale.

Dreptul de a fi ales în Parlamentul european

Articolul 38.

1) În condiţiile aderării României la uniunea europeană, cetăţenii români au dreptul de a fi aleşi, numai de la vârsta de 40 de ani, cu condiţia de a avea cel puţin un mandat în parlamentul României.

2) Fiecare judeţ are dreptul la câte un deputat în parlamentul european.

Articolul 39.

Mitingurile, demonstraţiile, procesiunile sau orice alte întruniri, sunt libere şi se pot organiza şi desfăşura numai în mod paşnic, fără niciun fel de arme.

Dreptul de asociere

Articolul 40.

1) Cetăţenii se pot asocia liber în partide politice, în sindicate şi alte forme de asociere.

2) Partidele sau organizaţiile care pun scopurile, sau prin activitatea lor, militează împotriva pluralismului politic, a principiilor statului de drept, ori a suveranităţii, a integrităţii sau a independenţei României, sunt neconstituţionale.

3) Partidele care au în parlament „parlamentari" şi primesc în timpul mandatului „parlamentari" de la alte partide, vor fi sancţionaţi cu o amendă de zece milioane de lei, de fiecare parlamentar racolat.

4) Asociaţiile cu caracter secret, sunt interzise.

5) Parlamentarii care pleacă în timpul mandatului de la un partid la altul, li se ridică dreptul de a mai candida şi vor primi o pedeapsă cu închisoare de cinci ani.

Articolul 41.

1) Drapelul la muncă, nu poate fi îngrădit.

2) Alegerea profesiei sau a ocupaţiei, precum şi a locului de muncă, este liberă.

3) Salariaţii au dreptul la măsuri de protecţie socială:

a) Acestea privesc, securitatea şi sănătatea salariaţilor.

b) Regimul de muncă la femeilor şi al tinerilor, este egală cu a oricărui cetăţean.

c) Programul de lucru pe teritoriul ţării, va fi de opt ore, care va fi succedat de alte opt ore, acolo unde este nevoie, dar nu mai mult a două schimburi şi nu trebuie să depăşească pentru zeci de ore săptămânal.

d) Orele lucrate, peste patru zeci, săptămânal, vor fi plătite dublu, iar timpul lucrat în sărbătorile aprobate prin legea constituţională, vor fi plătite triplu.

e) Întreprinderile care lucrează în foc continuu, sau minele, vor avea un spor financiar de zece la sută lunar, la schimburile de noapte.

4) La muncă egală, femeile au salariu egal cu bărbații.

5) Dreptul la negocieri colective în materie și caracterul obligatoriu al convențiilor colective, sunt garantate.

6) O persoană care muncește, are dreptul să iasă la pensie, la vârsta de 62 de ani, iar dacă dorește să muncească mai mult, să aibă dreptul la muncă, cu toate drepturile, dar nu poate primi în același timp și pensia.

7) Prestarea munci în țară se execută în acord colectiv sau după caz, individual.

Articolul 42.

1) Munca forțată, este interzisă.

2) Nu constituie muncă forțată:

a) Activitățile pentru îndeplinirea îndatoririlor militare, precum și cele desfășurate potrivit legii, în locul acestora, din motive religioase, sau de conștiință.

b) Oameni care sunt în pușcării, să fie tratați ca orice cetățean al țării, să plătească impozite și taxe și să li se recunoască vechimea în câmpul muncii.

3) Oameni care au primit o pedeapsă până la cinci ani, pot să muncească la locul de muncă, cu condiția să doarmă în pușcărie.

4) Pușcăriile să se gospodărească pe cont propriu și să aibă lucrările în minele din țară, sub supravegherea armatei, să aibă spitalele lor.

5) Bani care rămân, după ce plătesc cheltuielile la stat și la pușcărie, să fie depuși în conturi bancare „personale" și la

terminarea pedepsei să li se dea carnetele cu contul bancar, cu suma care sa adunat în timpul pedepsei.

Articolul 43.

1) Cetăţenii au dreptul la grevă, pentru apărarea intereselor profesionale, economice şi sociale.

2) Legea stabileşte condiţiile şi limitele exercitării, acestui drept, precum şi garanţiile necesare a asigurărilor esenţiale, pentru societate.

Articolul 44.

1) Drapelul de proprietate, precum şi creanţele, asupra statului, sunt garantate, conţinutul şi limitele acestor drepturi, sunt stabilite prin lege.

2) Propietatea privată este garantată şi ocrotită în mod egal de lege, indiferent de titular.

3) Cetăţenii români aflaţi în străinătate, pot dobândi dreptul de proprietate privată, asupra terenurilor, în condiţiile legii, de moştenire legală sau cumpărare.

4) Nimeni nu poate fi expropriat, decât pentru o cauză de utilitate publică, stabilită prin lege, cu dreaptă şi prealabilă despăgubire.

5) Sunt interzise, naţionalizarea, sau orice alte măsuri de trecere silită, în propietatea publică a unor bunuri, pe baza aparenţei sociale, etnice, religioase, politice sau de altă natură, a titularilor.

6) Minele, extracţia de gaze naturale, extragerea de ţiţei, barajele de apă, electrificare, autostrăzile,, toate drumurile publice, dacă vor fi amplasate pe propietatea unuia sau altuia,

proprietarul va fi despăgubit în ficțiune de pierdere, la metru pătrat, sau la schimb, precum și pentru alte daune.

7) Despăgubirile terenurilor, se face la schimb cu alte terenuri, în funcție de teren (dacă e teren agricol, cu un alt teren agricol) .

8) Dreptul de proprietate, obligă la respectarea sarcinilor, privind protecția mediului înconjurător și asigurarea bunei vecinătăți, precum și la respectarea celorlalte sarcinii, care potrivit legii sau obiceiului, revin proprietarului.

9) Bunurile destinate, folosite, sau rezultate din infracțiuni, contravenții, delapidare, primire de mită, prin corupție și minciună, vor fi confiscate.

10) Averile dobândite ilicit și care nu pot fi justificate, sunt confiscate.

Articolul 45.

1) Accesul liber al persoanei la o activitate economică, libera inițiativă și exercitarea acestora în condițiile legii, sunt garantate.

2) Nimeni nu poate să se îmbogățească prin înșelăciune, furt, corupție, delapidare, minciuni sau asuprirea unei persoane.

3) Avuția națională a României, este a cetățenilor români, nu a statului, este condusă de o companie națională de economie a României, care va împărți dividendele, în mod egal, tuturor cetățenilor României și va avea un manager de specialitate, care va ocupa funcția prin examen de specialitate și care va răspunde cu libertatea și confiscarea tuturor averilor, materiale și financiare, împreună cu toții care îl susțin sau îl înconjoară.

4) Managerii companiei naţionale a României nu poate ocupa funcţia mai mult de cinci ani, în cazul în care compania funcţionează în beneficiu, poate să ocupe funcţia încă cinci ani.

Dreptul la moştenire

Articolul 46.

1) Dreptul la moştenire, este garantat, dacă nu să pierdut cetăţenia română.

2) Proprietarul poate să-şi lase averea, la cine crede de cuvinţel, prin testament.

3) Moştenitorii, au dreptul la moştenire, doar dacă nu există nici nu testament.

4) Proprietarul, are dreptul să schimbe testamentul, cu condiţia să nu fie obligat.

Articolul 47

1) Statul are obligaţia să ia măsuri de dezvoltare economică şi de protecţie socială, de natură să asigure cetăţenilor, un nivel de trai decent.

2) Cetăţenii au dreptul la o pensie egală cu salariul mediu pe economie.

3) Concediu de maternitate plătit

4) La asistenţă medicală, în toate unităţile sanitare de stat.

5) La ajutorul de şomaj, cu condiţia să nu depăşească un an.

6) Cetăţenii au dreptul şi la măsuri de asistenţă socială, potrivit legii.

7) Concediu de maternitate este până la doi ani şi se plăteşte cu salariul minim pe economie.

Articolul 48.

1) Familia, se întemeiază pe căsătoria liber consimţită, între soţi, pe egalitatea acestora, pe dreptul şi îndatoririle părinţilor, de a asigura creşterea, educaţia şi instruirea copiilor.

2) Condiţiile de divorţ, sunt stabilite prin lege organică.

3) Copiii din afara căsătoriei, sunt egali cu cei din căsătorie.

Articolul 49

1) Copiii, se bucură de un regim special, de protecţie şi asistenţă medicală, în realizarea drepturilor lor.

2) Statul asigură alocaţii pentru copii şi ajutoare pentru îngrijirea copiilor bolnavi sau cu handicap, alte forme de protecţie socială a copiilor şi a tinerilor se stabilesc prin lege organică.

3) Exploatarea minorilor, folosirea lor, în activităţi care dăunează moralitatea, sau care le-ar pune în pericol viaţa, ori dezvoltarea morală, sunt interzise.

4) Minorii sub 16 ani, nu pot fi angajaţi, ca angajaţii.

5) Autorităţile publice, au obligaţia să contribuie la asigurarea condiţiilor pentru participarea liberă a tinerilor, la viaţa politică şi socială, economică, culturală şi sportivă, a ţări.

Articolul 50

1) Persoanele cu handicap care nu pot presta nicio muncă se bucură de protecţie socială.

2) Statul asigură realizarea unei politici naționale de egalitate a șanselor de prevenire și tratament ale handicapaților, în vederea participării efective a persoanelor cu handicap, în viața comunității, respectând drepturile și îndatoririle, ce revin părinților și tutorilor.

Articolul 51

1) Cetățenii au dreptul să se adreseze autorităților publice, prin petiții formulate, numai în numele semnatarilor.

2) Organizațiile legal constituite au dreptul să se adreseze, cu petiții exclusiv în numele colective, pe care le reprezintă.

3) Toate petițiile, sunt scutite de taxe.

4) Autoritățile publice au obligația să răspundă la petiții, în timp de 15 zile lucrătoare de la data depunerii petiției.

Articolul 52

1) Persoanele vătămate într-un drept, de o autoritate publică și ne soluționarea în termen legal a unei cereri, este îndreptățită să obțină recunoașterea dreptului pretins, anularea actului și recuperarea pagubei.

2) Condițiile și limitele exercitării acestui drept, se stabilesc prin lege organică.

3) Statul nu răspunde pentru prejudiciile cauzate prin erori juridice și nu înlătură răspunderea judecătorilor.

Restrângerea exerciţiului unor drepturi sau a unor libertăţii

Articolul 53.

1) Exerciţiu unor drepturi, sau a unor libertăţii, poate fi restrâns, prin lege şi numai dacă se impune, după caz, pentru;

a) Apărarea securităţii naţionale.

b) A ordinei publice.

c) A sănătăţii şi amoralei publice.

d) A drepturilor şi a libertăţilor cetăţenilor.

e) Desfăşurarea instrucţiei penale.

f) Prevenirea consecinţelor unei calamităţi naturale.

g) Ale unui dezastru ori ale unui sinistru deosebit de grav.

2) Restrângerea poate fi dispusă, numai dacă este necesară, într-o societate democratică, măsura trebuie să fie proporţională cu situaţia care a determinat să fie aplicată în mod nediscriminatoriu şi fără a aduce atingere existenţei dreptului şi libertăţii.

CAPITOLUL 3.
ÎNDATORIRILE FUNDAMENTALE ȘI FIDELITATEA FAȚĂ DE ȚARĂ

Articolul 54.

1) Fidelitatea față de țară, este sacră!

2) Cetățenii cărora le sunt încredințate funcții publice, precum și militarii, răspund de îndatorirea cu credință a obligațiilor ce le revin și în acest scop, vor depune jurământul cerut de lege.

3) Răspunderea persoanelor publice, este penală.

Apărarea țării

Articolul 55.

1) Cetățenii români au dreptul și obligația să apere România.

2) Îndeplinirea îndatoririlor militare, este obligatorie.

3) Populația țării care împlinește vârsta de 20 de ani va fi înrolată în armată, pe o perioadă de un an, pentru pregătirea de apărare a țări, iar după perioada de un an, va fi în rezervă până la 50 de ani.

4) Toţi cetăţenii români, care urmează să fie înrolaţi, trebuie să fie sănătoşi mental şi fizic, nu pot fi înrolaţi, cei cu handicap, fizic şi psihic.

5) Cetăţenii români pot fi înrolaţi de la vârsta de 20 de ani şi până la vârsta de 30 de ani.

6) Armata are rolul de a apăra graniţele tarii şi drepturile constituţionale, contestaţiilor aduse de popor, sub formă de grevă.

7) Armata, are obligaţia de a pregăti populaţia, pentru apărarea ţări.

Articolul 56

1) Cetăţenii au obligaţia să contribuie prin impozite, la bugetul de stat.

2) Sistemul legal de impozitare trebuie să asigure aşezarea justă a sarcinilor fiscale.

3) Impozitul este de 10% din tot; salariu, culturii, comerţ, beneficii, tranzacţii financiare şi altele.

4) Orice alte prestaţii sunt interzise, cu excepţia celor prevăzute prin lege.

Exercitarea drepturilor şi obligaţiilor

Articolul 57.

Cetăţenii români, cetăţenii străini şi apatrizii, trebuie să-şi exercite dreptul libertăţile constituţionale, cu bună credinţă, fără să încalce drepturile şi libertăţile celorlalţi.

CAPITOLUL 4.
AVOCATUL POPORULUI
NUMIREA ŞI ROLUL

Articolul 58.

1) Avocatul Poporului este numit în funcţie, în baza alegerilor libere a poporului, pe o perioadă de patru ani.

2) Avocatul Poporului nu face parte din niciun partid politic.

3) Avocatul Poporului pentru a fi ales trebuie să;

a) Să aibă o vechime în muncă, de minim 18 ani.

b) Să nu fie plagiator.

c) Să-şi facă cunoscut, averea şi pregătirea.

d) Să nu fi fost acuzat sau condamnat.

e) Să fie loial legilor şi cetăţenilor ţări.

4) Avocatul Poporului îşi numeşte în funcţii subordonaţii, prin examen de specialitate şi care nu fac parte din niciun partid politic.

5) Avocatul Poporului şi adjuncţii săi, nu pot îndeplini nicio altă funcţie publică sau privată, cu excepţia funcţiilor didactice din învăţământul superior.

6) Avocatul Poporului, face parte integrală din Consiliul Suprem al României, şi depune jurământul cerut de lege.

Articolul 59

1) Avocatul Poporului își exercită atribuțiile din oficiu, sau la cererea persoanelor lezate, în drepturile și libertățile lor, în limitele stabilite de lege.

2) Autoritățile publice sunt obligate să asigure tot sprijinul necesar avocatului poporului.

3) Avocatul Poporului își depune candidatura înainte cu un an de zile, de alegeri și are dreptul la campanie electorală de când își depune candidatura.

Raportul în fața Parlamentului

Articolul 60.

1) Avocatul Poporului prezintă în fața parlamentului, raportul din patru în patru luni sau la cererea Consiliului Suprem al României.

2) Raporturile pot conține recomandări privind legislația sau măsuri de altă natură, pentru ocrotirea drepturilor și libertăților cetățenilor.

3) Avocatul Poporului nu poate fi tras la răspundere pentru faptele sale, decât de Consiliul Suprem al României.

AUTORITĂŢILE PUBLICE

CAPITOLUL 1. PARLAMENTUL

Secţiunea 1.
Organizarea şi funcţionarea. Rolul şi funcţionarea autorităţilor

Articolul 61.

1) Parlamentul este organul reprezentativ suprem al poporului român şi unica autoritate legiuitoare a ţări.

2) Parlamentul se formează din câte judeţe sunt în ţară, cu excepţia capitalei, care două sectoare pot fi socotite un judeţ.

3) De fiecare judeţ, vor fi aleşi, un deputat şi un senator.

4) Senatorii au şi funcţia de primar al judeţului.

5) Parlamentarii pot fi aleşi pe o perioadă de patru ani şi au dreptul la două mandate, care pot fi şi succesive, cu condiţia ca după fiecare mandat să-şi depună candidatura.

Alegerea deputaţilor şi senatorilor

Articolul 62.

1) Cetăţenii îşi depun candidatura pentru funcţia de deputat şi senator, trebuie să aibă locuinţa în judeţul unde au domiciliul.

2) Deputaţii şi senatorii, sunt aleşi prin vot secret, liber exprimat, potrivit legii electorale.

3) Cetăţenii care îşi depune candidatura pentru parlament, au dreptul la o companie electorală, înainte de alegeri, cu un an.

4) Cetăţenii care îşi depun candidatura, trebuie să nu fi fost condamnat, să nu fie plagiator, să nu mintă, să nu aibă proces pe rol sau vreo interdicţie de a ocupa vreo funcţie publică.

Articolul 63.

1) Parlamentul este ales pe o perioadă de patru ani, care se prelungeşte de drept, în stare de război, de asediu sau de urgenţă, până la încetarea acestora.

2) Alegerile parlamentare, se desfăşoară cu patruzeci şi cinci de zile, înainte de a se expira mandatul parlamentului în funcţie pentru a putea să se facă contestaţii pentru cei care au dubii, în legătură cu rezultatele alegerilor şi se depune jurământul în ultima zi a parlamentului în funcţie.

3) Parlamentul nou ales se întruneşte la convocarea Consiliul Suprem al României, în ultima zi de mandat, a parlamentului în funcţie, pentru depunerea jurământului.

4) Parlamentarii, pot fi revocați din funcție, de populația care ia ales la nivelul județului și să facă un nou scrutin de alegeri, pentru a alege un nou parlamentar.

5) Fiecare parlamentar va cere consiliului județean, să-l informeze despre dorințele oamenilor din județ și săptămânal, se va întâlni cu consiliul în ziua de sâmbătă, iar o zi pe lună, va ține o ședință cu toții consilieri din județ.

6) Un cetățean care își depune candidatura pentru a fi deputat sau senator, are obligația de a declara pregătirea și averea, materială și financiară.

7) Parlamentarii în funcție lucrează douăzeci și patru de ore pe zi, din douăzeci și patru, timp de șase zile pe săptămână, iar în ziua de sâmbătă, programul îl are la județ.

8) Parlamentarii au o vacanță de treizeci de zile în fiecare an.

9) Mandatul parlamentarului, se prelungește până la întrunirea legală a noului parlament, în cazul de război, iar în această perioadă, nu poate fi adoptate, modificate sau abrogate legii.

10) Proiectele de lege sau propunerile legislative, înscrie pe ordinea de zi, a parlamentului, își continuă procedura în noul parlament.

11) Președintele parlamentului, are obligația să pună în discuție, pe ordinea de zi, în ordinea de înscriere, a oricărei legi.

12) Parlamentarii, trebuie să voteze cu tarheta, individual și la vedere, în parlament, nu există vot secret.

Organizarea internă

Articolul 64.

1) Organizarea și funcționarea parlamentului este unicamerală.

2) Camera își alege un birou permanent, președintele camerei este ales pe durata mandatului, ceilalți membri ai biroului permanent, sunt aleși, la începutul fiecărui sesiuni, membrii biroului permanent, pot fi revocați înainte de expirarea mandatului.

3) Camera își constituie comisii permanente și poate institui comisii de anchetă, sau alte comisii de specialitate, care să verifice celelalte instituții publice.

4) Birou permanent și comisiile permanente, se alcătuiesc potrivit parlamentului unicameral.

5) Parlamentul poate respinge sau adopta o lege propusă de curtea constituțională, doar dacă nu este constituțională.

6) Salariul va fi în funcție de cum cresc sau scad salarul minim pe economie.

7) Parlamentarii, care lipsesc din parlament, o zi într-o lună de zile, vor fi sancționați cu retribuția pe luna care a lipsit, iar dacă a lipsit două zile, nejustificate, sunt sancționați cu retribuția pe trei luni și să-și plătească toate cheltuielile care le face statul cu ei.

8) Parlamentarii care lipsesc trei zile nejustificate, din parlament, să li se retragă funcția de parlamentar și să I se ridice dreptul de a mai candida.

9) Deputaţii şi senatorii, trebuie să fie din judeţul sau sectorul care ia ales şi să aibă domiciliul în judeţul sau sectorul care ia ales.

10) Preşedintele parlamentului, va avea o retribuţie lunară de cinci salarii minime pe economie, în funcţie de cum cresc sau scad salarul minim pe economie şi va primi o primă de vacanţă, egală cu retribuţia lunară.

11) Parlamentarii, vor avea o retribuţie lunară de patru salarii şi jumătate, minim pe economie, în funcţie de cum cresc sau scad salarul minim pe economie şi va avea o primă de vacanţă, egală cu retribuţia lunară.

Şedinţele camerei

Articolul 65.

1) Camera parlamentului, nu poate ţine o şedinţă, dacă nu se întruneşte cvorumul de sută la sută din parlament, cu excepţia celor din spital.

2) Camera îşi desfăşoară lucrările potrivit regulamentului.

3) Camera se întruneşte în unanimitate, cu excepţia celor care sunt în spital;

a) Primirea mesajului de la preşedintele României.

b) Aprobarea bugetului de stat şi a bugetului asigurărilor sociale de stat.

c) Declararea mobilizării, totale sau parţiale.

d) Declararea stări de război.

e) Suspendarea sau încetarea ostilităţilor militare.

f) Aprobarea strategiei naţionale de apărare a ţări.

h) Îndeplinirea altor atribuţii care potrivit camerei, sau regulamentului, se stabilesc în şedinţele camerei parlamentului.

Sesiuni

Articolul 66.

1) Parlamentul lucrează în două sesiunii pe an;

a) Prima sesiune începe în luna ianuarie şi nu poate depăşi sfârşitul lunii iunie.

b) A doua sesiune începe în luna august şi nu poate depăşi sfârşitul lunii decembrie.

2) Convocarea camerei, se face de preşedintele parlamentului.

3) Camera parlamentului se întruneşte şi la cererea preşedintelui României.

Actele juridice şi cvorumul legal Articolul 67.

1) Camera parlamentului adoptă legii constituţionale, în prezenţa majorităţii membrilor săi.

2) Camera parlamentului, are dreptul să revoce din funcţie pe oricare ministru care nu îşi îndeplineşte datoriile de serviciu şi să-l pună la dispoziţia judecătorilor.

Caracterul politic al şedinţelor

Articolul 68.

1) Deputaţii şi senatorii nu pot deţine şi alte funcţii, cu excepţia senatorilor care au şi funcţia de primar de judeţ, sau sector.

2) Şedinţele parlamentului sunt publice.

3) Toate şedinţele, fără excepţie, sunt emise în direct, prin intermediul televiziunii.

4) Votul parlamentarilor este obligatoriu şi se face la vedere, nu este niciun secret pentru public.

Secţiunea 2.
Mandatul reprezentativ. Statutul deputaţilor şi senatorilor

Articolul 69.

1) Senatorii şi deputaţii sunt în serviciu poporului.

2) Orice mandat imperativ este nul, cu excepţia senatorilor care îndeplinesc şi funcţia de primar al judeţului sau sectorului.

3) Parlamentarii fiind cetăţenii, nu au imunitate şi nu sunt mai presus de lege.

Mandatul senatorilor şi deputaţilor

Articolul 70.

1) Senatorii şi deputaţii intră în exerciţiu mandatului la data intrării legale a parlamentului, sub condiţia validări alegerilor şi a depuneri jurământului constituţional.

2) Calitatea de senator sau deputat, încetează la data intrării legale a noii camere parlamentare sau în cazul de demisie, de pierderea drepturilor electorale, de incompatibilitate de trădare a electoratului care la ales, deces şi în cazul în care este pus sub acuzare, reţinut sau arestat.

Incompatibilităţi

Articolul 71.

1) Nimeni nu poate fi în acelaşi timp, deputat şi senator, cu excepţia senatorilor care ocupă şi funcţia de primar al judeţului sau sectorului.

2) Calitatea de deputat, este incompatibilă cu exercitarea oricărei funcţii publice de autoritate.

3) Alte incompatibilităţi se stabilesc prin lege organică.

Imunitatea parlamentară

Articolul 72.

1) Deputații și senatorii nu pot fi trași la răspundere pentru opiniile politice exprimate în exercitarea mandatului.

2) Competența de judecată aparține înaltei curți de casație și justiției.

3) În caz de infracțiune flagrantă, deputații și senatorii pot fi reținuți și supuși percheziții, fără nicio aprobare.

Secțiunea 3.
Legiferarea Categorii de legii

Articolul 73.

1) Parlamentul adoptă legii organice, ordinare și constituționale.

2) Legile constituționale, sunt cele care se adaugă la constituție, prin referendum.

3) Prin lege organică se reglementează;

a) Sistemul electoral, organizarea și funcționarea autorităților electorale permanente.

b) Organizarea și funcționarea partidelor politice.

c) Statutul deputaților și senatorilor și a celorlalte drepturi, ale acestora.

d) Organizarea și desfășurarea referendumului.

e) Organizarea guvernului şi a consiliului suprem de apărare a ţări.

f) Regimul stări de asediu şi al stării de urgenţă.

g) Regimul stări de mobilizare parţială sau totală a forţelor armate şi a stării de război.

h) Infracţiunile, pedepsele şi regimul executării acestora.

i) Acordarea armistiţiului.

j) Statutul funcţionarilor publici.

k) Contenciosul administrativ.

l) Organizarea şi funcţionarea ministerului public.

m) Regimul juridic general al proprietăţi şi al moşteniri.

n) Organizarea generală a învăţământului.

o) Organizarea administraţiei publice, locale, precum şi regimul general, privind autonomia locală.

p) Regimul general privind raporturile de muncă, patronale şi protecţia socială.

r) Statutul minorităţilor naţionale din România.

s) Regimul general al cultelor.

t) Celelalte domenii pentru care în constituţie se prevede adoptarea de legii organice.

4) Toţi parlamentarii, vor primi apartament în Bucureşti, pe timpul mandatului, pentru care va plăti chirie şi cheltuielile ce revin, toate se plătesc din salariu de parlamentar.

Iniţiativa legislativă

Articolul 74.

1) Iniţiativa legislativă aparţine după caz:

a) Curţii Constituţionale.

b) Deputaţilor şi senatorilor.

c) Cetăţenilor cu drept de vot.

d) Avocatului poporului.

e) Consiliului local a fiecărui judeţ, respectiv în municipiul Bucureşti trebuie să fie la nivelul consiliului municipiului Bucureşti.

2) Nu pot face obiectul iniţiativei legislative a cetăţenilor, probleme fiscale, cele cu caracter internaţional, administraţia şi graţierea.

3) Guvernul îşi exercită iniţiativa legislativă prin transmiterea proiectului de lege, la camera competentă a parlamentului, pentru dezbatere.

4) Deputaţii, senatorii şi cetăţenii, care exercită dreptul la iniţiativa legislativă, pot prezenta propunerile legislative, numai în forma cerută, pentru pachetele de legii.

5) Propunerile legislative, se supun dezbateri, mai întâi camerei competente a parlamentului, să le adopte, ca primă cameră sesizată.

Sesizarea camerei

Articolul 75.

1) Se supun spre dezbaterea parlamentului, de către camera parlamentară, ca primă cameră sesizată, proiectele de lege şi propunerile legislative, pentru ratificarea tratatelor sau a altor acorduri internaţionale şi a măsurilor legislative, ce

rezultă din aplicarea tratatelor sau acordurilor, precum şi legilor organice.

2) Camera parlamentară sesizată, se pronunţă în termen de maximum cincisprezece zile de la primire, pentru coduri şi alte legi de complexitate deosebită, termenul de douăzeci de zile, în cazul depăşiri, acestor termene se consideră că proiectele de legii sau propunerile legislative, nu sunt aprobate.

3) După adoptarea sau respingerea de către camera parlamentului, proiectul sau propunerea legislativă, se trimite curţii constituţionale, care va decide definitiv.

4) În cazul în care camera parlamentară adoptă o prevedere, care potrivit alin (1) intră în competenţa sa decizională, prevederea este definitiv adoptată, dacă şi curtea constituţională este de acord, în caz contrar, numai pentru prevederea respectivă, legea, se întocmeşte în parlament, care va decide definitiv, în procedură de urgenţă.

5) Dispoziţiile alin (4) referitor la întoarcerea legii, se aplică în mod corespunzător şi în cazul în care camera decizională a parlamentului, adoptă o prevedere pentru care competenţa decizională aparţine curţii constituţionale.

Adoptarea legilor şi a hotărârilor

Articolul 76.

1) Legile constituţionale, se adoptă cu majoritatea parlamentară.

2) Legile organice, se aprobă cu cel puţin nouăzeci la sută din parlament.

3) Parlamentul poate adopta, proiecte de legi sau propuneri legislative cu procedură de urgenţă, la propunerea curţi constituţionale şi a ministerelor.

Promulgarea legi

Articolul 77.

1) Legea se trimite spre promulgare, consiliului suprem al României.

2) Promulgarea legi se face în termen de cel mult cinci zile de la primire.

3) Înainte de promulgare, Consiliul Suprem al României, poate cere parlamentului reexaminarea legi.

4) Dacă Consiliul Suprem al României, a cerut reexaminarea legi, ori dacă sa cerut verificarea constitualităţii ei, promulgarea legi se face în cel mult cinci zile de la primirea legi adoptate, după reexaminare, sau de la primirea deciziei curţi constituţionale, prin care i sa confirmat constituţionalitatea.

Intrarea în vigoare a legii

Articolul 78.

1) Legea se trimite spre promulgare, consiliului suprem al României.

2) Promulgarea legi se face în cel mult cinci zile de la primire.

3) Înainte de promulgare, Consiliul Suprem al României, poate cere parlamentului reexaminarea legi.

4) Dacă Consiliul Suprem al României a cerut reexaminarea legi, ori dacă sa cerut verificarea constitualității ei, promulgarea legi, se face în cel mult cinci zile de la primirea legi adoptate, după reexaminare, sau de la primirea deciziei curți constituționale, prin care i sa confirmat constituționalitatea.

Consiliul legislativ

Articolul 79.

1) Consiliul legislativ, este organul consultativ de specialitate al parlamentului, care avizează proiectele de acte normative, în vederea sistematizării, unificării şi coordonării întregii legislaţii, el ţine evidenţă oficială a legislaţiei României.

2) Consiliul Suprem al României, este organul suprem al României, care are rolul de a conduce şi a supraveghea bunul mers al României.

3) Consiliul Suprem al României este din;

a) Preşedintele României.

b) Avocatul Poporului.

c) Preşedintele curţi constituţionale.

d) Comandantul armatei.

e) Preşedintele parlamentului.

5) Preşedintele parlamentului, este ales de parlament.

6) Comandantul armatei, are grad de mareşal şi este preşedintele consiliului suprem de apărare a ţări, nu va fi ales, el ocupă funcţia prin examen de specialitate.

7) Preşedintele României, Avocatul Poporului, Preşedintele curţi constituţionale, vor fi aleşi de popor, prin vot universal direct, secret, liber exprimat.

CAPITOLUL 2.
PREŞEDINTELE ROMÂNIEI
ROLUL PREŞEDINTELUI

Articolul 80.

1) Preşedintele României este preşedintele consiliului suprem al României şi reprezintă statul român, este garantul independenţei naţionale, al unităţii şi al integrităţii teritoriale a României.

2) Preşedintele României este garantul democraţiei şi este reprezentantul legal şi constituţional al României, în ţară şi străinătate.

3) Preşedintele României şi toate instituţiile statului, sunt supuse voinţei poporului, ele reprezintă voinţa poporului.

4) Preşedintele României, să-şi facă cunoscut, toată averea, pregătirea şi să nu fi fost condamnat, să nu fie plagiator, să fie o persoană care să-şi iubească ţara şi să fie credincios poporului român.

5) Preşedintele României veghează la respectarea constituţiei şi la buna funcţionare a instituţiilor publice, în acest

context, mediază între puterile statului, precum şi între stat şi societate.

Alegerea Preşedintelui

Articolul 81.

1) Preşedintele României este ales prin vot universal, egal, secret, direct şi liber exprimat.

2) Este declarat ales, candidatul care a întrunit, în timpul scrutinului „doi" majoritatea de voturi, ale alegătorilor, în listele electorale.

3) În cazul în care niciunul dintre candidaţii, nu a întrunit majoritatea de cincizeci plus unu din partea electorală, se organizează un examen de capacitate, între cei doi candidaţi „televizat" şi comisia care este formată din toţi preşedinţii de partide politice, decid care este dintre cei doi este mai bun.

4) Nicio persoană nu poate îndeplini funcţia de preşedinte al României, decât pentru cel mult trei mandate a patru ani, acestea pot fi succesibile, cu condiţia ca după fiecare mandat să-şi depună candidatura.

5) Preşedintele României poate fi propus de o organizaţie sau alta „politică" pentru a candida, dar în momentul în care este ales de popor şi este investit în funcţie de preşedinte, nu mai reprezintă nici nu partid politic, ci reprezintă poporul, el poate candida şi independent.

Validarea mandatului şi depunerea jurământului

Articolul 82.

1) Rezultatul alegerilor prezidenţiale, pentru funcţia de preşedinte al României este validat de curtea constituţională şi consiliul suprem al României.

2) Candidatul a cărui alegere a fost validată, depune în faţa parlamentului şi a Consiliului Suprem al României, următorul jurământ:

Jurământul

Jur să-mi dăruiesc toată puterea şi priceperea, pentru propăşirea spirituală şi materială a poporului român, să respect constituţia şi legile ţări, să apăr democraţia, drepturile şi libertăţile fundamentale ale cetăţenilor, suveranitatea, independenţa ,unitatea şi integritatea teritorială a României şi informarea populaţiei la zi, iar dacă nu respect acest jurământ, să fiu pedepsit cu cea mai mare pedeapsă constituţională.

Aşa să-mi ajute Dumnezeu! Mulţumesc.

Articolul 83.

1) Mandatul preşedintelui şi oricărui funcţii care este aleasă de popor, este de patru ani.

2) Preşedintele ales îşi exercită mandatul de preşedinte, de la data depunerii jurământului.

3) Preşedintele României îşi exercită mandatul, până la data depunerii jurământului, a noului preşedinte ales.

4) Mandatul preşedintelui României, poate fi prelungit, în caz de război, sau de catastrofă.

Incompatibilităţi şi imunităţii

Articolul 84.

1) În timpul mandatului, Preşedintele României, nu poate fi membrul vreunui partid şi nu poate îndeplini nicio altă funcţie publică sau privată, cu excepţia celei prevăzute de constituţie.

2) Preşedintele României poate fi demis din funcţie numai prin referendumul poporului, iar după demisie, curtea constituţională şi avocatul poporului, să-l tragă la răspundere pentru faptele sale.

Numirea guvernului

Articolul 85.

1) Parlamentul propune Prim-ministru, din rândul membrilor lor, care au ajuns în parlament, ca deputaţi şi ţin cont ca Prim-ministru să fie din membrii partidului care au cei mai mulţi deputaţi.

2) Prim-ministru, va fi numit în funcţie, după prezentarea în plenul parlamentului şi a Consiliului Suprem al României, a unei declaraţii scrise şi verbale, care să justifice, ce are de gând

să facă pe perioada în care va fi investit în funcţia de prim-ministru.

3) Din şase în şase luni, la începutul fiecărui sesiuni a parlamentului, să facă raportul în plenul parlamentului şi a Consiliului Suprem al României, cu toate realizările şi eşecurile, care le-a avut în timpul celor şase luni de conducere a ministerelor, iar dacă forul suprem şi parlamentul consideră că nu poate să conducă, se face o nouă propunere de prim-ministru.

4) Prim-ministru, trebuie să fie un bun gospodar şi să supravegheze ministerele, pentru buna funcţionare şi îndeplinirea atribuţiilor.

5) Prim-ministru, este gospodarul ţări şi nu face politică externă.

6) Cine îşi depune candidatura pentru funcţia de premier, are obligaţia de aşi declara averea şi situaţia financiară, să nu fi fost condamnat, să nu aibă doar penal pe rol, să nu fie plagiator.

7) Prim-ministru poate fi demis din funcţie de către Consiliu Suprem al României, după o din care să reiese că este incompatibil cu funcţia, sau a încălcat legile constituţionale.

8) Prim-ministru şi miniştrii, vor avea o vacanţă anuală de treizeci de zile.

9) Prim-ministru şi miniştrii, va primi un salariu de cinci salarii minime pe economie, o primă de vacanţă, egală cu retribuţia lunară.

10) Toţi miniştrii care susţin un examen de specialitate, pentru ocuparea postului de ministru, sunt obligaţi să-şi declare averea şi starea financiară.

11) Miniştrii, vor ocupa funcţia prin examen de specialitate, în funcţie de ministerul pe care vrea să-l conducă.

12) În caz de remaniere guvernamentală, sau de vacanţă a postului, consiliului suprem al României, revocării şi propune un nou examen de specialitate, pentru ocuparea postului.

13) Ministru de externe reprezintă politica României, în afara graniţelor ţări şi colaborează cu preşedintele României şi prim-ministru, pentru prosperitatea ţări.

14) Ministru de externe împreună cu preşedintele României, vor numi ambasadorii şi consulii prin examen de specialitate.

15) Ambasadorii şi consulatele, au obligaţia de a reprezenta ţara, în străinătate, politic şi economic, de a duce tratate economice şi a înştiinţa preşedintele României, premierul şi ministru de externe.

Consultarea guvernului

Articolul 86.

Preşedintele României poate consulta guvernul cu privire la problemele urgente şi de importanţă deosebită.

Participarea la şedinţele guvernului

Articolul 87.

1) Preşedintele României poate lua parte la şedinţele guvernului, la cererea premierului şi în alte situaţii.

2) Preşedintele României prezidează şedinţele guvernului, la care participă.

Dizolvarea parlamentului

Articolul 88.

1) După consultarea consiliului suprem al României şi al liderilor partidelor politice, preşedintele României, poate dizolva parlamentul, dacă refuză să voteze unul din pachetul de legi constituţionale, propus de curtea constituţională spre dezbatere.

2) Parlamentul nu poate fi dizolvat, în ultimele trei luni şi nici în timpul stări de mobilizare, de război, de asediu sau de urgenţă.

3) În cursul unui an, parlamentul poate fi dizolvat o singură dată.

Mesaje

Articolul 89.

Preşedintele României poate adresa parlamentului mesaje cu privire la problemele principale ale cetăţenilor.

Referendumul

Articolul 90.

Curtea constituțională și Consiliul Suprem al României, după o consultare cu consiliul de jurați, care sunt din fiecare județ al țări câte unul, poate cere poporului să-și exprime prin referendum, voința, cu privire la problemele de interes național.

Atribuții în domeniul politicii externe

Articolul 91.

1) Președintele României încheie tratatele internaționale, în numele României, negociate de ministru de externe și le supune dezbaterii parlamentului, într-un timp rezonabil, celelalte, se încheie potrivit procedurii stabilite prin lege organică.

2) Reprezentanții diplomatici ai altor state, sunt acreditați pe lângă președintele României.

Atribuții în domeniul apărării naționale

Articolul 92.

1) Președintele României este comandantul suprem al forțelor armate.

2) Preşedintele României poate declara mobilizarea parţială sau totală a forţelor armate, numai în cazuri excepţionale, hotărârea preşedintelui se supune ulterior aprobării Consiliului Suprem al României şi al parlamentului, în cel mult patruzeci şi opt de ore de la adoptare.

3) În cazul de agresiune armată îndreaptă împotriva ţări, preşedintele României, ia măsuri pentru respingerea agresiuni şi le aduce neîntârziat la cunoştinţa Consiliului Suprem al României şi parlamentului, prin mesaj, dacă Consiliul Suprem al României şi parlamentul, nu se află în sesiune, se convoacă de drept în douăzeci şi patru de ore de la declanşarea agresiuni.

4) În cazul de mobilizare sau război, Consiliul Suprem al României şi parlamentul îşi continuă activitatea pe toată perioada acestei stări, iar dacă nu se află în sesiune, se convoacă de drept în douăzeci şi patru de ore de la declanşarea lor.

Măsuri excepţionale

Articolul 93.

1) Preşedintele României instituie potrivit legii, starea de asediu sau de urgenţă, în întreaga ţară, ori în unele unităţi administrativ-teritoriale şi solicită Consiliului Suprem al României, încuviinţarea măsuri adoptate în cel mult patruzeci şi opt de ore.

2) Dacă Consiliul Suprem al României, nu ne află în sesiune, el se convoacă de drept în cel mult douăzeci şi patru de ore de la instituirea stări de asediu sau stări de urgenţă şi funcţionează pe toată perioada acestei stări.

Alte atribuţii

Articolul 94.

1) Preşedintele României îndeplineşte şi următoarele atribuţii;

a) Conferă decoraţii şi titluri de onoare.

b) Acordă gradul de mareşal.

c) Asistă la depunerea jurământului, la propunerea în funcţie a miniştrilor şi a parlamentului.

d) Acordă graţierea individuală şi amnistierea.

Suspendarea din funcţie

Articolul 95.

1) În condiţiile desăvârşirii unor fapte grave, prin care se încalcă legile constituţionale, preşedintele României poate fi suspendat din funcţie, de Consiliul Suprem al României, cu votul unanim, după consultarea consiliului de juraţi ai României, care sunt din fiecare judeţ, câte unul şi au vârsta între patruzeci şi şaizeci de ani şi nu au nicio funcţie publică şi nu fac parte din niciun partid politic.

2) Dacă propunerea de suspendare din funcţie se aprobă, în cel mult treizeci de zile, se organizează un referendum pentru demiterea preşedintelui.

3) Curtea constituțională, împreună cu consiliul de jurați, propune suspendarea din funcție a președintelui României.

Punerea sub acuzare

Articolul 96.

1) Curtea constituțională, Avocatul Poporului și consiliul de jurați, pot hotărî punerea sub acuzare, a președintelui României, pentru înaltă trădare.

2) Propunerea de punere sub acuzare, poate fi inițiată de curtea constituțională și avocatul poporului și se aduce la cunoștința președintelui României, pentru a putea da explicații, cu privire la faptele ce-i se impută, în fața parlamentului.

3) De la data puneri sub acuzare și până la data demiteri președintelui României, președintele României este suspendat de drept.

4) Competența de judecată aparține înaltei curți de casație și justiției.

5) Președintele României este demis de drept, la data rămânerii definitive a hotărârii de condamnare.

Vacanţa funcţiei

Articolul 97.

1) Vacanţa funcţiei de preşedinte al României intervine în cazul de demisie, de demitere din funcţie, de imposibilitate definitivă a exercitării atribuţiilor, sau deces.

2) În termen de maximum două luni de zile de la data la care a intervenit vacanţa funcţiei de preşedinte al României, Consiliul Suprem al României şi avocatul poporului, va organiza alegeri, pentru un nou preşedinte.

Interimatul funcţiei

Articolul 98.

1) Dacă funcţia de preşedinte al României devine vacantă, ori dacă preşedintele este suspendat din funcţie, sau dacă se află în imposibilitate de aşi exercitarea atribuţiile, interimatul, se asigură de preşedintele parlamentului.

2) Atribuţiile prevăzute la articolul 88-89, nu pot fi exercitate pe durata interimatului funcţiei de preşedinte interimar.

Răspunderea președintelui interimar

Articolul 99.

Dacă persoana care asigură interimatul funcției de preșe-dinte al României, săvârșește fapte grave, prin care se încalcă legile constituționale, se aplică articol 95 și 98 și funcția de președinte al României, va fi preluată de Consiliul Suprem al României, până când noul președinte va intra în drepturile de președinte.

Atribuțiile Președintelui

Articolul 100.

1) În exercitarea atribuțiilor sale, președintele României semnează legile constituționale, care se publică în monitorul oficial al României, ne-publicarea atrage inexistența legi.

2) Legile emise de președintele României în exercitarea atribuțiilor sale, prevăzute în articolul 91 și 92, aliniamentul (1) și articolul 94 se contrasemnează de Consiliul Suprem al României.

Indemnizaţia

Articolul 101.

1) Preşedintele României va primi o retribuţie lunară egală cu zece salarii minime pe economie.

2) Salariul va fi în funcţie de cum creşte sau scade salariu minim pe economie.

3) Preşedintele României va primi o primă de vacanţă, egală cu un salariu lunar.

4) În România, nici nu salariu de bugetar, nu poate fi mai mare decât cel al Preşedintelui României.

CAPITOLUL 3. GUVERNUL ROLUL ŞI STRUCTURA

Articolul 102.

1) Guvernul, potrivit programului său de guvernare, acceptat de Consiliul Suprem al României şi parlament, asigură realizarea politici interne a ţări şi exercită conducerea generală a administraţiei publice.

2) În îndeplinirea atribuţiilor sale, guvernul cooperează cu organismele sociale interne.

3) Guvernul este alcătuit din:

a) Prim-ministru, care este şeful guvernului.

Miniştrii:

b) Economiei;

c) Muncii;

d) Industriei;

e) Agriculturii;

f) Transporturilor;

g) Sănătăţii;

h) Mediului;

i) Culturii;

j) Externe.

4) Toţi miniştrii, cu excepţia prim-ministrului, vor ocupa funcţia prin examen de specialitate şi vor fi de specialitate.

Investirea

Articolul 103.

1) Parlamentarii, propun prim-ministru, în baza unei platforme de guvernământ, dintre partidele politice, care au membrii în parlament.

2) Candidatul pentru funcţia de prim-ministru, va cere în termen de maximum şase zile lucrătoare de la desemnare, votul de încredere, de la parlament, asupra programului său de guvernare şi votul preşedintelui României şi investirea în funcţie.

3) Parlamentul, acordă votul de încredere, în baza platformei de guvernare.

Jurământul de credinţă

Articolul 104.

1) Prim-ministru, împreună cu miniştrii, vor depune individual, în faţa preşedintelui României, jurământul de la articolul 82, aliniamentul (3) .

2) Guvernul în întregul său şi fiecare membru în parte, îşi exercită mandatul, începând de la data depunerii jurământului.

Incompatibilităţi

Articolul 105.

1) Funcţia de membru al guvernului, este incompatibilă cu exercitarea altei funcţii publice de autoritate, cu excepţia celei de deputat, de asemenea este incompatibilă cu exercitarea unei funcţii de reprezentare profesională.

2) Alte incompatibilităţi se stabilesc prin lege organică.

Încetarea funcţiei de membru al guvernului Articolul 106.

Funcţia de membru al guvernului, încetează în urma;

a) Demisiei;

b) A revocării;

c) A pierderii dreptului electoral;

d) A stării de incompatibilitate:

e) A decesului, precum şi în alte cazuri prevăzute de lege.

Prim-ministru

Articolul 107.

1) Prim-ministru conduce guvernul şi coordonează activitatea membrilor acestuia, respectând atribuţiile ce le revin, de asemenea prezintă parlamentului rapoarte şi declaraţii, cu privire la problemele guvernului, care se dezbate cu prioritate.

2) Preşedintele României împreună cu Consiliul Suprem al României poate revoca pe prim-ministru şi pe oricare membru al guvernului.

3) Dacă prim-ministru se află în una dintre situaţiile prevăzute la articolul 106 cu excepţia revocării, sau este în imposibilitate de aşi exercita atribuţiile, preşedintele României va desemna un alt membru al guvernului, care va ocupa funcţia prin examen de specialitate.

4) Prevederile aliniamentului (3) se aplică în mod corespunzător şi celorlalţi membri ai guvernului, la propunerea prim-ministrului, pentru o perioadă de cel mult treizeci de zile.

Actele guvernului

Articolul 108.

1) Guvernul îşi formulează legile guvernamentale, şi le trimit parlamentului, pentru dezbatere şi aprobare sau infirmare.

2) Guvernul formulează legii, cu caracter economic şi administrativ, pe care le trimit parlamentului pentru dezbatere şi aprobare sau infirmare.

Răspunderea membrilor guvernului

Articolul 109.

1) Guvernul răspunde politic, numai în faţa parlamentului şi a preşedintelui României, pentru întreaga activitate.

2) Fiecare membru al guvernului, răspunde individual de politica dusă, la ministerul pe care îl conduce.

3) Numai consiliul suprem al României şi preşedintele României, au dreptul să ceară punerea sub urmărire penală, a membrilor guvernului, pentru faptele săvârşite în exercitarea atribuţiilor lor.

4) Preşedintele României poate dispune, suspendarea acestora din funcţie, trimiterea în judecată a unui membru al guvernului care atrage suspendarea lui din funcţie.

5) Competenţa de judecată aparţine înaltei curţi de casaţie şi justiţiei.

6) Cazurile de răspundere şi pedepsele aplicabile membrilor guvernului, sunt reglementate printr-o lege privind responsabilitatea ministerială.

Articolul 110.

1) Prim-ministru, îşi exercită mandatul, până la data validări alegerilor parlamentare şi depunerea jurământului, noului prim-ministru.

2) Miniştrii, sunt socotiţi angajaţi şi li se încheie mandatul, la ieşirea în pensie.

CAPITOLUL 4. RAPORTURILE PARLAMENTULUI CU GUVERNUL ŞI CONSILIUL SUPREM AL ROMÂNIEI INFORMAREA PARLAMENTULUI

Articolul 111.

1) Guvernul şi celelalte organe ale administraţiei publice, în cazul controlului parlamentar al activităţii lor, sunt obligate să prezinte informaţiile şi documentele cerute de parlament, sau de comisiile parlamentare, prin intermediul preşedinţilor acestora.

2) În cazul în care o iniţiativă legislativă, implică modificarea prevederilor bugetului de stat sau a bugetului asigurărilor sociale de stat, solicitarea informării, este obligatorie.

3) Membrii guvernului, au acces la lucrările parlamentului, dacă li se solicită prezenţa, participarea lor este obligatorie.

Consiliul Suprem al României

Articolul 112.

Consiliul Suprem al României, de la articolul 79 aliniamentul (4) literele (a, b, c, d, e) se alege prin alegeri prezidențiale libere, directe, secret exprimate, egale și directe, de popor, cu excepția președintelui parlamentului și a comandantului armatei.

Angajarea răspunderii a Consiliului Suprem al României

Articolul 113.

1) Consiliul Suprem al României, veghează la bunul mers al țării și are obligația de a trage la răspundere pe toți cei care încalcă legile organice și constituționale ale României.

2) Consiliul Suprem al României, are obligația de a organiza și supraveghea, alegerile și referendumul.

Deciziile

Articolul 114.

Consiliul Suprem al României, va lua deciziile importante pentru țară și aprobă toate legile organice și constituționale.

Ministru de externe

Articolul 115.

1) Ministrul de externe, este numit în funcție, după susținerea unui examen de specialitate și depunerea jurământului de la articolul 82, aliniamentul (3) .

2) Ministru de externe, este supus președintelui României și consiliului suprem al României.

3) Toate Ambasadele și consulatele României, sunt supuse, ministrului de externe.

CAPITOLUL 5. ADMINISTRAȚIA PUBLICĂ SECȚIUNEA 1 ADMINISTRAȚIA PUBLICĂ CENTRALĂ DE SPECIALITATE STRUCTURA

Articolul 116.

1) Ministerele, se organizează numai în subordinea, Consiliul Suprem al României.

2) Alte organe de specialitate, se pot organiza în baza statutelor lor, cu avizul consiliului suprem al României, sau a autorităţilor administrative teritoriale.

Secţiunea 1. Înfiinţarea

Articolul 117.

1) Ministerele se înfiinţează, se organizează şi funcţionează potrivit legii.

2) Guvernul şi ministerele, cu curţii de conturi, pot înfiinţa organe de specialitate, în subordinea lor, numai dacă legea le recunoaşte această competenţă, obţinută prin examen de specialitate.

3) Autorităţile administraţiei, autonomie, se pot înfiinţa, prin lege organică, după susţinerea şi admiterea unui examen de specialitate.

Forţele armate

Articolul 118.

1) Armata este subordonată, exclusiv voinţei poporului, pentru garantarea suveranităţii, a independenţei şi a unităţii statului, a integrităţii teritoriale a ţări şi a democraţiei constituţionale, în condiţiile legii şi a tratatelor internaţionale, la care România este parte, armata contribuie la apărarea colectivă în

sistemele de alianţă militară şi participă la acţiuni privind menţinerea păcii.

2) Structura sistemului naţional de apărare, pregătirea populaţiei, a economiei şi a teritoriului, pentru apărare precum şi statutul cadrelor militare, se stabilesc prin lege organică.

3) Prevederile aliniamentului (1 şi 2) se aplică în mod corespunzător şi celorlalte componente ale forţelor armate, stabilite prin lege.

4) Organizarea de activităţi militare sau paramilitare în afara unei autorităţi statale, este interzisă.

5) Pe teritoriul României, pot intra trupe străine, numai în condiţiile legii.

Consiliul Suprem de apărare a ţări

Articolul 119.

Consiliul Suprem de apărare a ţări coordonează unitar activităţile care privesc apărea ţări şi securitatea naţională, participarea la menţinerea securităţii internaţionale şi la apărarea colectivă în sistemele de alianţă militară, precum şi la acţiuni de menţinere sau de restabilire a păcii.

Secţiunea 2.
Administraţia publică locală Principii de bază

Articolul 120.

Administraţia publică din unităţile administrativ-teritoriale, se întemeiază pe principiile descentralizării, autonomiei locale şi deconectare serviciilor publice.

Autorităţile judeţene, orăşeneşti Şi comunale

Articolul 121.

1) Autorităţile administraţiei publice, prin care se realizează autonomia locală în comune, oraşe şi judeţe, vor fi ocupate prin examen de specialitate.

2) Consiliile locale şi consilierii, funcţionează în condiţiile legii, ca autorităţii administrative autonome şi rezolvă problemele din teritoriu.

3) Autorităţile publice, prevăzute la alin (1) se pot constitui şi în subdiviziunile administrativ-teritoriale, ale municipiilor.

Consiliul judeţean

Articolul 112.

1) Consiliul judeţean, este autoritatea administraţiei publice pentru coordonarea activităţii consilierilor judeţeni, orăşeneşti, comunale şi locale, în vederea îndeplinirii serviciilor publice de interes judeţean.

2) Consiliul judeţean este format din specialişti, care ocupă funcţia prin examen de specialitate şi nu fac nimic un fel de politică, ei, gospodăresc judeţul.

Prefectul

Articolul 123.

1) Prefectul ocupă funcţia prin examen de specialitate şi este reprezentantul legii, pe judeţ şi se supune avocatului poporului.

2) Atribuţiile prefectului, se stabilesc prin lege organică.

3) Prefectul poate ataca în faţa instanţei de contencios administrativ, nu act al consiliului judeţean, al celui local, sau al consiliilor, în cazul în care consideră actul ilegal.

CAPITOLUL 6 AUTORITATEA JUDECĂTOREASCĂ

Secţiunea 1. Instanţele judecătoreşti Înfăptuirea justiţiei

Articolul 124.

1) Justiţia se înfăptuieşte, în numele legii.

2) Justiţia este unică, imparţială şi egală, pentru toţii.

3) Judecătorii sunt independenţi şi se supun legii şi avocatului poporului.

4) Procurorii, judecătorii precum şi magistraţii, vor ocupa funcţia prin examen de specialitate.

Statutul judecătorilor

Articolul 125.

1) Preşedintele curţi constituţionale şi avocatul poporului, care ocupă funcţia prin alegeri prezidenţiale libere, directe, secret exprimate, va organiza concursuri de specialitate, în scris, pentru fiecare funcţie în parte.

2) Promovarea prin examen, transferarea şi sancţionarea judecătorilor şi procurorilor, aparţine consiliului suprem al magistraturii, în condiţiile legii sale organice.

3) Funcţia de judecător şi procuror, este incompatibilă cu orice altă funcţie publică sau privată, cu excepţia funcţiilor didactice din învăţământul superior.

4) Judecătorii care dau o sentinţă şi care pe urmă se dovedeşte că nu este corectă, răspund cu libertatea şi averea, primesc pedeapsa care a fost dată inculpatului nevinovat.

Instanţele judecătoreşti

Articolul 126.

1) Justiţia se realizează prin înalta curte de casaţie şi justiţiei şi prin celelalte instanţe judecătoreşti, stabilite prin lege.

2) Competenţa instanţelor judecătoreşti şi procedura de judecată, în colaborare cu consiliul de juraţi, care este format din cinci oameni din popor, care nu au nicio funcţie publică şi nu sunt din acelaşi judeţ, sunt prevăzute prin lege organică.

3) Avocatul Poporului este reprezentantul instanţelor judecătoreşti.

4) Înalta curte de casaţie şi justiţie, asigură aplicarea unitară a legii de către celelalte instanţe judecătoreşti, potrivit competenţei sale.

5) Competenţa înaltei curţi de casaţie şi justiţiei şi regulamentul de funcţionare a sistemului, se stabilesc prin lege organică.

6) Este interzisă judecarea unui dosar penal, fără aprobarea consiliului de jurați.

7) Controlul judecătoresc al actelor administrative, ale autorităților publice pe calea contenciosului administrativ, este garantat, cu excepția celor care privesc rapoartele de parlamentar, precum și a celor de comandament, cu caracter militar.

8) Instanțele de contencioși administrativ, sunt competente să soluționeze cererile persoanelor vătămate, după caz, din ordine declarate neconstituționalitate.

Caracterul politic al dezbaterilor

Articolul 127.

1) Toate ședințele de judecată, sunt publice, cu excepția ședințelor cu consiliul de jurați.

2) Consiliul de jurați are obligația de a fi imparțial și a respecta legea, în condițiile în care nu se respectă legea, să plătească cu pedeapsa cu închisoarea pentru care cel în cauză a fost pedepsit.

Folosirea limbi materne și a Interpretului în justiție

Articolul 128.

1) Procedura juridică se desfășoară în limba română.

2) Modalitatea de exercitare a dreptului, se va stabili astfel încât să nu împiedice buna administrare a justiţiei şi să nu implice cheltuieli suplimentare pentru cei interesaţi.

3) Cetăţenii străini şi apatrizii, care nu înţeleg limba română, au dreptul de a lua cunoştinţă de toate actele şi lucrările dosarului de a vorbi în instanţă şi de a pune concluzii prin interpret, în procesele penale, acest drept este asigurat în mod gratuit.

Folosirea căilor de atac

Articolul 129.

Împotriva hotărârilor judecătoreşti, părţile interesate şi avocatul poporului, pot exercita căile de atac, în condiţiile legii.

Poliţia instanţelor

Articolul 130.

1) Instanţele judecătoreşti, dispun de poliţia pusă în serviciul lor.

2) Poliţia, serveşte poporul, conform legilor constituţionale şi ordinare, dar nu au dreptul să facă abuz.

3) Poliţia este subordonată avocatului poporului, precum şi instanţelor de judecată.

Secţiunea 2.
Ministrul public Rolul ministerului public

Articolul 131.

1) Avocatul Poporului este reprezentantul legal al ministrului public.

2) În activitatea juridică, ministrul public, reprezintă interesele generale ale societăţii civile şi apără ordinea de drept, precum şi drepturile şi libertăţile cetăţenilor.

3) Ministerul public îşi exercită atribuţiile prin procurorii constituiţi în parchete, în condiţiile legii.

4) Parchetele funcţionează pe lângă instanţele de judecată, conduc şi supraveghează activitatea de cercetare penală, a poliţiei juridice, în condiţiile legii.

5) Parchetul adună cinci cetăţenii, cu drept de vot, care nu sunt din acelaşi judeţ şi sunt numiţi de ordonator, care se va numi consiliul de juraţi şi va avea vârstă între patruzeci şi şaizeci de ani.

6) Consiliul de juraţi, reprezintă opinia publică şi are obligaţia de a fi imparţial, în conformitate cu legea şi dă verdictul de începerea urmăririi penale şi aprobă sau infirmă sentinţa judecătorească, în cazul în care o sentinţă este în favoarea inculpatului şi nu este în temeiul legii.

Statul procurorilor

Articolul 132.

1) Procurorii îşi exercită activitatea potrivit principiului legislativ, al imparţialităţii şi al controlului ierarhic, sub autoritatea ministerului public.

2) Funcţia de procuror, este incompatibilă cu orice altă funcţie publică sau privată, cu excepţia funcţiilor didactice din învăţământul superior.

3) Funcţia de procuror, se obţine numai prin examen de specialitate.

Secţiunea 3.
Consiliul Suprem al magistraturii Rolul şi structura

Articolul 133.

1) Consiliul Suprem al magistraturii, este garantul independenţei justiţiei.

2) Consiliul Suprem al magistraturii, este alcătuit din opt membrii şi un preşedinte, care este preşedintele curţi constituţionale şi este ales de popor, vot universal, egal, direct, secret şi liber exprimat:

a) Pentru judecători şi procurori, care au vârsta de cincizeci de ani împliniţi şi care va ocupa funcţia prin examen de specialitate.

b) Reprezentanţii consiliului suprem al magistraturii, specialiştii în domeniul dreptului, care se bucură de înaltă reputaţie profesională şi morală, care au luat examenul de specialitate, au obligaţia de a veghea la bunul mers al democraţiei.

3) Durata mandatului, a membrilor consiliului suprem al magistraturii este de doisprezece ani, după care ies la pensie, cu excepţia preşedintelui curţi constituţionale şi este ales de popor.

4) Hotărârile consiliului suprem al magistraturii, se ia prin vot la vedere.

5) Preşedintele curţi constituţionale prezidează lucrările consiliului suprem al magistraturii şi îşi dă votul numai în caz de egalitate.

6) Hotărârile consiliului suprem al magistraturii, sunt definitive şi irevocabile.

Articolul 134.

1) Consiliul Suprem al magistraturii, îndeplineşte rolul de instanţă de judecată, prin secţiile sale, în domeniile răspunderii disciplinare a judecătorilor, potrivit procedurilor stabilite prin legea sa organică.

2) Hotărârile consiliului suprem al magistraturii, în materie disciplinară, pot fi atacate la înalta curte de casaţie şi justiţiei.

3) Consiliul Suprem al magistraturii, îndeplineşte şi alte atribuţii stabilite prin legea sa organică, în realizarea rolului său de garant al independenţei justiţiei.

4) Consiliul Suprem al magistraturii îndeplineşte şi rolul de urmărire a îndeplinirii în tocmai a confiscărilor de averii.

Economia şi finanţele publice. Economia

Articolul 135.

1) Economia României, este economie de piaţă, bazată pe libera iniţiativă şi concurenţă.

2) Libertatea comerţului, protejarea concurenţei loiale, crearea cadrului legislativ, pentru valorificarea tuturor factorilor de producţie, este obligatorie.

3) Protejarea intereselor naţionale, în activitatea economică, financiară şi valutară, este obligatorie.

4) Stabilirea adausului comercial la zece la sută, a produsului finit, în comerţ.

5) Exploatarea resurselor naturale, în concordanţă cu interesul naţional.

6) Stimularea cercetări ştiinţifice şi tehnologice naţionale, a artei şi protecţia de autor.

7) Refacerea şi ocrotirea mediului înconjurător, precum şi menţinerea echilibrului ecologic.

8) Crearea condiţiilor necesare pentru creşterea calităţii vieţii.

9) Aplicarea politicilor de dezvoltare regională în concordanţă cu obiectivele uniuni europene.

10) Echilibrarea salariilor minime pe economie, cu preţurile pieţei.

11) Subminarea economiei de stat, a României, se pedepseşte cu privarea de libertate, pe viaţă.

12) TVA-ul nu poate fi mai mare de zero douăzeci şi cinci la sută.

13) Nicio bancă nu are voie să acorde credite cu o dobândă mai mare de doi la sută.

14) Statul român, trebuie şi se obligă în faţa poporului, să respecte toate aceste aliniamente cu sfinţenie, în cazul în care unul din aliniamente, nu este respectat, va abdica şi se va face din nou alegeri.

Articolul 136.

1) Propietatea este publică sau privată.

2) Propietatea este garantată şi ocrotită prin lege şi aparţine poporului român, care o administrează prin unităţile administrativ-teritoriale a Companiei Naţionale Române.

3) Bunurile şi bogăţiile de interes public ale subsolului, spaţiu aerian, apele cu potenţial energetic, valorificării de interes naţional, plajele, marea teritorială, resursele naturale ale zonei economice şi ale platoului continental, pădurile, precum şi alte bunuri stabilite de legea organică, fac parte şi obiectul exclusiv la proprietăţi publice.

4) Bunurile şi bogăţiile, proprietatea publică, sunt inalienabile şi sunt administrate de compania naţională română şi sucursalele ei administrativ-teritoriale, ele nu pot fi înstrăinate.

5) Toate localităţile din România, sub iniţiativa companiei naţionale române şi administrativ-teritoriale, formează asociaţii locale, în fiecare localitate, care va administra bunurile şi bogăţiile localităţi respective.

6) Managerii companiei naționale romăne, administrativ-teritoriale și naționale vor ocupa funcția prin examen de specialitate și vor răspunde cu libertatea și averea, în condițiile neloialității.

7) Propietatea privată este inviolabilă, în condiţiile legii.

Sistemul financiar

Articolul 137.

1) Forma, administrația, întrebuințarea și controlul resurselor financiare ale statului, ale unităților administrativ-teritoriale și ale instituțiilor publice, sunt reglementate prin legea zeciuelii.

2) Cincizeci la sută din bugetul net, al companiei naționale romăne, se împarte cetățenilor romăni, cu drept de vot și care nu lipsesc mai mult de trei luni de zile pe an, din țară.

3) Zece la sută intră în bugetul de stat, iar restul de buget se fac modernizări.

4) Moneda națională este leul, iar subdiviziunea acestuia, este banul, prin lege organică se poate recunoaște circulația și înlocuirea monedei naționale, cu cea a uniuni europene.

Bugetul public naţional

Articolul 138.

1) Bugetul public naţional cuprinde; bugetul de stat, bugetul asigurărilor sociale de stat, şi bugetele locale ale judeţelor, oraşelor şi comunelor.

2) Guvernul elaborează anual, proiectul bugetului de stat şi cel al bugetului asigurărilor sociale de stat, pe care le supune dezbaterii parlamentului.

3) Dacă legea bugetului de stat şi legea bugetului asigurărilor sociale de stat, nu au fost făcute, cu cel puţin o lună de zile, înainte de expirarea exerciţiului bugetar, prim-ministru, îşi dă demisia din funcţie.

4) Bugetele locale se elaborează, se aprobă şi se execută în condiţiile legii zeciuelii de impozitare.

5) Nicio cheltuială bugetară nu poate fi aprobată fără stabilirea sursei de finanţare.

6) Pentru orice cheltuială se întocmeşte proces verbal, în scris.

Impozite, taxe şi alte contribuţii

Articolul 139.

1) Impozitele, taxele şi alte venituri ale bugetului de stat şi cel al bugetului asigurărilor sociale de stat, se stabilesc numai în baza legii zeciuelii de impozitare.

2) Impozitele şi taxele locale, se stabilesc în consiliile locale şi judeţene, în condiţiile legii zeciuelii.

3) Sumele reprezentând condiţiile la constituirea unor fonduri, se folosesc în limitele prevăzute de lege, numai potrivit destinaţiei acestora.

Curtea de conturi

Articolul 140.

1) Curtea de conturi, exercită controlul asupra modului de formare, de administrare şi întrebuinţare a resurselor financiare, ale statului şi ale sectorului public, în condiţiile legii, litigiile rezultate din activitatea curţi de conturi, se soluţionează de instanţele judecătoreşti specializate.

2) Curtea de conturi, prezintă anual parlamentului, un raport asupra conturilor de gestiune ale bugetului public naţional din exerciţiu bugetar expirat, cuprinzând şi neregulile constatate.

3) Curtea de conturi, nu face politică, ci controlează modul de gestiune a resurselor financiare şi folosirea fondurilor, în condiţiile legii, potrivit destinaţie acestora.

4) Membrii curţi de conturi, sunt independenţi, în exercitarea atribuţiilor lor şi inamovibili, sunt supuşi incompatibilităţi prevăzute de lega pentru judecători.

5) Dacă unul dintre membrii curţi de conturi facilitează; frauda, darea de mită, luarea de mită, corupţia, pedeapsa este între zece şi douăzeci de ani şi confiscarea averi, în funcţie de gravitatea faptei.

6) Membrii curţi de conturi, nu pot fi traşi la răspundere, decât de avocatul poporului şi consiliul suprem al României.

7) Toate pedepsele aplicate de judecători, nu poate fi date cu suspendare.

Consiliul economic şi social

Articolul 141.

Consiliul economic şi social, este organ consultativ, al parlamentului şi al guvernului, în domeniile de specialitate, prin legea sa organică de înfiinţare, organizare şi funcţionare.

CURTEA CONSTITUȚIONALĂ. STRUCTURA

Articolul 142.

1) Curtea constituțională este garantul supremației constituționale.

2) Curtea constituțională se compune din; nouă magistrații, din care, patru procurorii și patru judecătorii și un președinte, care poate fi procuror sau judecător.

3) Toți magistrații curți constituționale constituționale, vor ocupa funcția prin examen de specialitate, cu excepția președintelui curți constituționale, care este ales prin vot universal, egal, secret, direct și liber exprimat, de cetățenii României, cu drept de vot.

Condiții de examinare

Articolul 143.

Magistrații curți constituționale, trebuie să aibă pregătire juridică superioară, înaltă competență profesională și o vechime de cel puțin optsprezece ani în activitatea juridică sau în învățământul juridic superior.

Incompatibilități

Articolul 144.

Funcţia de judecător la curţi constituţionale este incompatibilă cu orice altă funcţie publică sau privată, cu excepţia funcţiilor didactice din învăţământul juridic superior.

Independenţa şi inamovibilitatea

Articolul 145.

Judecătorii curţii constituţionale, sunt independenţi în exercitarea atribuţiilor lor şi inamovibili pe durata mandatului, cu condiţia să nu facă abuz ci să judece cazurile în temeiurile legi, hotărârile judecătoreşti, sunt definitive şi irevocabile, nu se dă pedepsele cu suspendare.

Atribuţii. Curtea constituţională are următoarele atribuţii principale

Articolul 146.

1) Se pronunţă asupra constitualităţii legilor, înaintea promulgării acestora, la sesizarea Preşedintelui României, a preşedintelui parlamentului, a guvernului, a înaltei curţi de casaţie şi justiţiei, a avocatului poporului, precum şi din oficiu, asupra iniţiativelor de revizuire a constituţiei.

2) Se pronunţă asupra constitualităţii tratatelor, sau alte acorduri internaţionale, la sesizarea a unui grup parlamentar, care mu poate fi mai mic de douăzeci şi cinci la sută din parlament.

3) Se pronunţă, asupra constitualităţii, regulamentului parlamentar, a unui grup parlamentar, de douăzeci şi cinci la sută din parlament.

4) Hotărăşte asupra excepţiilor de neconstituţionalitate, privind legile ridicate, în faţa instanţelor judecătoreşti, sau arbitraj comercial, excepţia de neconstituţionalitate poate fi ridicată şi de avocatul poporului.

5) Soluţionarea conflictelor juridice de natură constituţională, dintre autorităţile publice şi locale, la cererea preşedintelui României, preşedintelui parlamentului, a prim-ministrului şi a preşedintelui consiliului suprem al magistraturii.

6) Veghează la respectarea proceduri, pentru toate alegerile generale, confirmă şi aplică sancţiuni, în condiţiile în care au fost fraudate alegerile prezidenţiale, sau a fost dare de mită, luării de mită, cu o pedeapsă de douăzeci de ani de închisoare.

7) Constată existenţa împrejurărilor, care justifică interimatul, în exercitarea funcţiei de preşedinte al României şi comunică cele constatate consiliului suprem al magistraturii pentru a se lua masuri.

8) După consultarea consiliului suprem al magistraturii şi consiliul de juraţi, din popor, dă aviz sau stopează propunerea de suspendare din funcţie a preşedintelui României, preşedintelui curţi constituţionale şi a avocatului poporului.

9) Veghează la respectarea proceduri, pentru organizarea şi desfăşurarea referendumului şi confirmă sau infirmă, rezultatele acestuia.

10) Verifică îndeplinirea condiţiilor pentru exercitarea iniţiativei legislative de către cetăţeni, magistraţii, judecătorii şi procurorii şi aplică legea în spiritul literei.

11) Hotărăşte asupra contestaţiilor care nu au obiect de constituţionalitate a unui partid politic.

12) Îndeplineşte şi alte atribuţii stabilite prin legea organică a curţi.

Deciziile curţi constituţionale

Articolul 147.

1) Deciziile curţi constituţionale se publică în monitorul oficial al României, de la data publicării în monitorul oficial, au putere juridică.

2) Dispoziţiile din legile şi ordonanţele în vigoare, precum şi cele din regulamentele constatate ca fiind neconstituţionale, îşi încetează efectele juridice la treizeci de zile, de la publicarea deciziei curţi constituţionale, dacă în acest interval, parlamentul nu se pune de acord cu prevederile neconstitualităţii, cu dispoziţiile constatate ca fiind neconstituţionale, sunt suspendate de drept.

3) În cazul neconstitualităţii, ce privesc legile, înaintea promulgării acestora, parlamentul este obligat să reexaminare dispoziţiile respective, pentru punerea lor de acord cu decizia curţi constituţionale.

4) În cazul în care constitualitatea tratatului, sau a acordului internaţional, a fost constatată potrivit articolului 146 alin (2) acesta nu face obiectul excepţiei de neconstituţionalitate.

INTEGRAREA EUROPEANĂ

Articolul 148.

1) Aderarea României la tratatul european, în scopul transformări, în care instanțele comunitare precum și ale exercitării în comun cu celelalte state membre a competențelor prevăzute în aceste tratate, se face prin lege, adoptată în parlament, cu o majoritate parlamentară de nouăzeci la sută din parlament.

2) Ca urmare a aderării, prevederile tratatelor constitutive ale uniuni europene, precum și celelalte reglementări comunitare, cu caracter obligatoriu, au prioritate, dacă nu se încalcă legile constituționale și deciziile contrare, a legilor interne, cu respectarea prevederilor actului de aderare.

3) Parlamentul, Președintele României, Consiliul Suprem al României și avocatul poporului, cu toată autoritatea judecătorească, garantează aducerea la îndeplinire a obligațiilor rezultate din actul aderării și din prevederile aliniamentului (2).

4) Prevederile aliniamentului (1 și 2) se aplică în mod corespunzător și pentru aderarea la actele de revizuire a tratatelor constitutive ale uniuni europene.

5) Consiliul Suprem al României, transmite parlamentului proiectele actelor cu caracter obligatoriu, înainte ca aceasta să fie supuse aprobării, instanțelor uniuni europene.

Aderarea la tratatul atlanticului de nord

Articolul 149.

Aderarea României la tratatul atlanticului de nord, se face prin lege, adoptată în parlament, cu o majoritate de nouăzeci la sută din parlament.

REVIZUIREA CONSTITUȚIEI

Inițiativa revizuirii

Articolul 150.

Revizuirea constituției poate fi inițiată de orice cetățean al Romîniei cu drept de vot, la propunerea Consiliul Suprem al Romîniei și al curți constituționale, după care se face un referendum pentru aprobarea de către cetățenii cu drept de vot, ai Romîniei.

Procedura de revizuire

Articolul 151.

Revizuirea este definitivă, după aprobarea ei prin referendum, organizat de curtea constituțională, în cel mult patruzeci de zile de la referendum.

Limitele revizuiri

Articolul 152.

1) Dispozițiile prezentei constituții privind caracterul național, independent, forma democratică, constituțională de

guvernământ, integrarea teritorială, independența justiției, pluralismul politic și limba oficială, nu pot fi obiectul revizuiri.

2) De asemenea, nicio revizuire nu poate fi făcută dacă are ca rezultat suprimarea drepturilor și libertăților fundamentale ale cetățenilor sau a garanțiilor acestora.

3) Constituția, nu poate fi revizuită pe durata stării de asediu sau a stării de război și a stării de urgență.

DISPOZIȚII FINALE ȘI TRANZITORII

Intrarea în vigoare

Articolul 153.

Prezenta constituție intră în vigoare la data aprobării ei prin referendum, vechea constituție, la acea dată rămâne în întregime abrogată.

Conflictul temporar de legii

Articolul 154.

1) Legile și celelalte acte normative, rămâne în vigoare, în măsura în care ele nu contravin, prezentei constituții.

2) Consiliul legislativ, în termen de maximum un an de zile de la data intrării în vigoare a legii sale de organizare, va examina conformitatea legislației, cu prezenta constituție și va face legile în concordanță cu constituția.

Dispoziţii tranzitorii

Articolul 155.

1) Instituţiile prevăzute în constituţia existentă, la data intrării în vigoare a legii de revizuire, rămân în funcţie, până la constituirea celor noi.

2) Prevederile aliniamentului (1) al articolului 83, se aplică începând cu următorul mandat.

3) Dispoziţiile cu privire la înalta curte de casaţie şi justiţiei, vor fi aduse la îndeplinire în cel mult şase luni de la data intrării în vigoare a legii de revizuire.

4) Pentru asigurarea înnoirii curţi supreme de justiţie şi consilierii de conturi, se organizează examen de specialitate.

5) Examenele de specialitate, se organizează pentru toate funcţiile, cu excepţia celor aleşi, prin vot universal.

6) Până la constituirea instanţelor judecătoreşti specializate, litigiile rezultate din activitatea curţi de conturi, vor fi soluţionate de instanţele judecătoreşti.

7) În România, nu se acordă nicio pedeapsă cu suspendare; cei arestaţi preventiv şi se stabilesc că nu sunt de vină sunt despăgubiţi de instanţele judecătoreşti şi cei care au dispus arestarea preventivă vor fi sancţionaţi cu ridicarea dreptului de a mai profesa.

Durata de judecată

Articolul 156.

Nici nu dosar de natură penală, fiscală, civilă sau de altă natură, nu poate depăși doi ani de la sesizarea sau depunerea plângeri penale, fără să fie soluționat.

Alegerile generale prezidențiale

Articolul 157.

1) Scrutinul pentru alegeri, se organizează de biroul electoral central și ministru de interne și externe.

2) Secțiile de votare, vor fi amplasate în fiecare localitate din România, iar în străinătate, acolo unde se găsesc comunității de cetățenii români, mai marii de cinci sute de persoane cu drept de vot.

Patrimoniul național

Articolul 158.

Nicio persoană și niciun conducător nu au dreptul să înstrăineze patrimoniul național al României.

Concesionarea

Articolul 159.

Pământul agricol al României, nu se poate vinde, se poate concesiona, cu condiţia să îl cultive, iar atunci când nu îl lucrează şi nu produce nimic pe el, să plătească producţia, care sar fi făcut pe el, în anul care nu să lucrat.

Republicarea constituţiei

Articolul 160.

1) Legea de revizuire a constituţiei, se publică în monitorul oficial al României, în termen de cinci zile de la data adoptării.

2) Constituţia modificată şi completată, după aprobarea prin referendum, se publică de Consiliul Suprem al României, cu reactualizarea denumirilor, dându-se textelor o nouă numerotare.

Constantin Butulea
Tel. 0034/642.846.479

CUPRINS

DREPTURILE, LIBERTĂȚILE ȘI ÎNDATORIRILE FUNDAMENTALE. DISPOZIȚII COMUNE. UNIVERSALITATE

CURTEA CONSTITUȚIONALĂ. STRUCTURA

INTEGRAREA EUROPEANĂ

REVIZUIREA CONSTITUȚIEI

DISPOZIȚII FINALE ȘI TRANZITORII

www.ingramcontent.com/pod-product-compliance
Lightning Source LLC
Chambersburg PA
CBHW070135260726
48658CB00001B/418